Den Freunden
unseres Hauses gewidmet

WESTFALEN KOST

Traditionelle Rezepte aus der bürgerlichen und bäuerlichen Küche zwischen Münsterland und Siegerland, Ruhrgebiet und Lipperland.

Zusammengestellt von
Elisabeth Schulte Huxel · Werner Bockholt

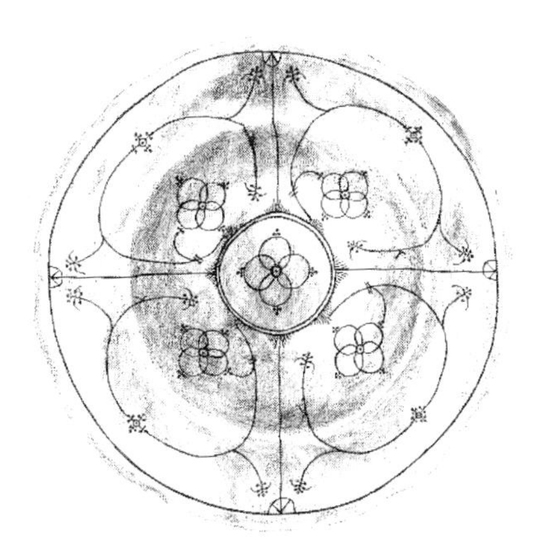

SCHNELL Warendorf 1996

SCHNELL Buch & Druck
Warendorfer Lieblingsbücher
Seit 1834

Impressum:

Westfalenkost.
Traditionelle Rezepte aus der
bürgerlichen und bäuerlichen
Küche zwischen Münsterland und
Siegerland, Ruhrgebiet und
Lipperland.
Zusammengestellt von
Elisabeth Schulte Huxel
Werner Bockholt.
Warendorf,
SCHNELL Buch & Druck 1996
ISBN 3-87716-864-7

Graphische Gestaltung:
Judith Müller

Herzlich gedankt sei an dieser Stelle
Maria Schulte Huxel-Bienhüls,
die die Rezepte durchschaute und
ausprobierte.

Vorwort

In dem vorliegenden Kochbuch „WESTFALENKOST" finden vor allem Rezepte der traditionellen westfälischen Küche Berücksichtigung.

Die in der Gegenwart zu beobachtende Tendenz zu einer leichteren und bekömmlicheren Ernährung hat natürlich Konsequenzen im Hinblick auf die abgedruckten Rezepte und deren Zutaten. So sollte man beispielsweise überlegen, ob beim Anbraten von Fleisch statt des in Westfalen früher verwendeten Schweineschmalzes leichtere Fette oder Speiseöle besser zu verwenden sind. Dennoch muß berücksichtigt werden, daß für einige Gerichte Schweineschmalz unverzichtbar ist. Für Grünkohl z.B. ist Schmalz unabdingbar, verleiht er doch dem Kohl erst den charakteristischen Geschmack.

Auch beim Andicken von Soßen und Suppen wird heute weniger mit dem früher gebräuchlichen Mehl gearbeitet, sondern Sauerrahm, Speisestärke, Sahne und Butter eröffnen Möglichkeiten. Darüber hinaus ist ein Andicken oftmals auch gar nicht nötig, zumal es geschmacklich nicht notwendig ist.

Im übrigen gilt, daß erst in der Variation und eigenen Inspiration das Geheimnis des Kochens liegt. Schnell wird man feststellen, daß sich die westfälischen Rezepte hervorragend dazu eignen, eigene Ideen mit einzubringen, sie zu verändern, geschmacklich zu verfeinern und weiter abzurunden.

Dabei gilt, daß die Rezepte dazu animieren sollen, mit den Lebensmitteln, die Westfalen in den unterschiedlichen Jahreszeiten und verschiedenartigen Teilräumen zu bieten hat, Gerichte zu entwickeln, die die Variationsbreite der westfälischen Küche widerspiegeln und verdeutlichen, daß westfälisches Essen und Trinken zu einer regionalen Identifikation führen kann.

Westfalen

Der Raum Westfalen ist der östliche Teil des Bundeslandes Nordrhein-Westfalen. Was verwaltungspolitisch noch relativ einfach erscheint, entpuppt sich bei näherer Betrachtung als eine Landschaft, die weniger durch Homogenität als durch Vielfalt gekennzeichnet wird. Dieses wird bereits bei der räumlichen Abgrenzung deutlich. Diese ist nie messerscharf zu umreißen, sondern eher über den Daumen anzupeilen. Die Flüsse Rhein und Weser, zwischen denen sich Westfalen befindet, sind gute Orientierungsschienen, mehr aber auch nicht. Im Norden wird es gar problematisch: Wo hört das Emsland auf und fängt das Münsterland an? Oder im Süden: Siegerland und Wittgensteiner Land bilden zwar den südlichsten Teil des Raumes, sind aber gleichzeitig bereits Übergangsräume nach Hessen und Rheinland-Pfalz. Oder aber im Osten: Lippe ist nicht umsonst mit der lippischen Rose im Wappen des Landes NRW vertreten, hierdurch wird die Eigenständigkeit deutlich und ein klares Abgrenzungszeichen, sozusagen durch die Blume, nach Westen geschickt.

Nicht nur die westfälischen Teillandschaften wie Münsterland, Tecklenburger Land, Westliches Ruhrgebiet, Soester Börde, Sauerland, Wittgensteiner Land, Siegerland, Paderborner Land, Ravensberger Land und Minden-Lübbecke sind Ausdruck einer Vielfalt und Einheit, auch zahlreiche andere Kennzeichen verdeutlichen den Pluralismus Westfalens: beispielsweise die gänzlich unterschiedlichen Landschaftsbereiche, wie das flache landwirtschaftlich geprägte Münsterland, die leicht wellige Ackerregion südlich der Lippe in der Börde, das waldreiche westliche Westfalen, das bergige Sauerland.

Die Vielfalt gilt für die wirtschaftliche Struktur, die Verkehrswege, die Siedlungen und nicht zuletzt auch für die Menschen selbst. Unterschiede gibt es etwa in der unterschiedlichen religiösen Zugehörigkeit, den Dialekten und natürlich auch im Bereich von Essen und Trinken.

Daher erscheint es auch unmöglich, ein westfälisches Kochbuch vorzulegen, das sozusagen alle Speisen und Getränke der unterschiedlichen Teilregionen in einen Topf gibt und diese als westfälisch anpreist. Dennoch, trotz der pluralistischen Struktur Westfalens gibt es zahlreiche Gerichte, die mittlerweile zum Markenzeichen dieses Raumes geworden sind.

Essen und Trinken in Westfalen

So vielfältig und abwechslungsreich wie die westfälischen Teillandschaften ist auch die westfälische Küche, die es in der Generalcharakterisierung nicht gibt.

Dennoch gibt es zahlreiche Speisen und Getränke, die einem bei dem Namen Westfalen einfallen und bereits bei der Nennung auf der Zunge zergehen. Da ist beispielsweise der westfälische Schinken zu nennen, der geräucherte aus dem bergigen Sauerland oder der luftgetrocknete Knochenschinken aus dem flachen Münsterland. Dazu gehört natürlich ein dickes Stück Bauernstuten und eine Scheibe Pumpernickel, wie das Schwarzbrot der Westfalen genannt wird. Als Getränke werden dazu ein Bier oder zwei und ein Klarer gereicht.

Daß diese kulinarische Reduktion im Hinblick auf Westfalen zwar richtig, aber genauso falsch ist, soll durch dieses Kochbuch WESTFALENKOST verdeutlicht werden.

Die westfälische Küche besteht nicht nur aus Schinken, Pumpernickel, Bier und Korn, sondern in den Teilregionen hat sich eine wahre Flut von Gerichten erhalten, die die Eigenständigkeit der Teillandschaften betont, aber gleichzeitig auch dazu beigetragen hat, daß Westfalen, was Essen und Trinken anbelangt, einen wichtigen Platz in der deutschen Kochlandschaft einnimmt.

Dabei ist bemerkenswert, daß zahlreiche Rezepte in den Familien von Generation zu Generation weitergegeben wurden, verändert, verfeinert, akzentuiert und aktualisiert wurden und in der Gegenwart gepflegt werden.

Und so gibt es eine Reihe von Gerichten, bei denen man erst überlegen muß, was dahintersteckt, etwa beim Töttchen, Panhas, Westfälischen Rosenkranz, Potthucke, Pfeffer-Potthast, Micken, Appeltate, Pickert....

Das vorliegende Kochbuch WESTFALENKOST beinhaltet Rezepte, die den traditionellen Charakter der westfälischen Küche betonen. Die Rezepte stammen vorwiegend aus handgeschriebenen Kochbüchern aus unterschiedlichen westfälischen Teilregionen. Bei den Rezepten wurde darauf geachtet, daß sie landestypisch sind, leicht umgesetzt und nachgekocht werden können.

Das Kochbuch gliedert sich in drei Teile. Im ersten Teil sind die Rezepte nach der Speisenfolge (Vorspeisen/Suppen, Eintöpfe/Durchgemüse, Fleischgerichte, Fisch-/Wildgerichte, Eier-/

Mehlspeisen, Kartoffelgerichte, Gemüse, Salate und Soßen, Nachtische, Kuchen/Gebäck Pumpernickel, Einkochen/Einmachen/Einlegen, Getränke) geordnet.

Im zweiten Teil werden jahreszeitliche Aspekte bei der Gliederung zugrundegelegt. In Form eines Kalendariums werden monatstypische Gerichte zusammengestellt.

Der dritte Teil berücksichtigt die unterschiedlichen westfälischen Teillandschaften. Hier lassen sich Rezepte finden, die zum Beispiel für das östliche Ruhrgebiet, für Lippe oder Sauerland typisch sind.

Das Kochbuch WESTFALENKOST kann zum einen durch das Inhaltsverzeichnis, zum anderen durch das alphabetische Register am Ende des Buches erschlossen werden.

50

Vorspeisen/Suppen

Westfalen ist ein ausgesprochenes „Suppenland". Von daher gesehen sind in der traditionellen Küche Vorspeisen im Prinzip unbekannt. Eine Mahlzeit ohne Suppe ist für die Westfalen einfach undenkbar.

In vielen Familien ist die sonntägliche Fettsuppe nicht nur eine Vorspeise, sondern ein wichtiger kulinarischer Bestandteil des Wochenendes. Aus der Begeisterung für Suppen erklärt sich auch, daß es in Westfalen eine riesige Palette von unterschiedlichen Suppen gibt, von der Bierkaltschale bis zur Hochzeitssuppe, von der Weinsuppe bis zur Brotsuppe, von der Milchsuppe bis zur Rindfleischsuppe.

Während an den Werktagen eher leichtere, preisgünstigere und schnell zu bereitende Suppen auf den Tisch kommen, gehören an Sonntagen und Feiertagen aufwendige Fleischsuppen mit unterschiedlichsten Einlagen auf den westfälischen Speisenplan.

Zudem verschließt sich die westfälische Küche auch nicht neueren Trends in Hinblick auf feinere Cremesuppen.

GRIESSMEHLSUPPE MIT KORINTHEN UND WEIN

- für 2 Personen -

$1^1/_2$ l Wasser
50 gr Grießmehl
50 gr Zucker
Butter
Zimt
50 gr Korinthen
1 Teel Salz
$^1/_2$ Tasse Weißwein
1 Eigelb

1

In das Wasser die gewaschenen Korinthen geben, Butter und Zimt zugeben und in einem Topf zum Kochen bringen. So lange kochen, bis die Korinthen weich werden.

2

Langsam das Grießmehl unter ständigem Rühren hineinstreuen, Zucker und Salz zugeben und aufkochen lassen.

3

Weißwein und Eigelb verrühren und in die kochende Suppe einrühren.

✻

Ein Rezept von Henriette Davidis.

Deftige Tomatensuppe

aus einem Haushalt in Telgte

1 kg Tomaten
50 gr Butter
1 Stange Porree
1 l Hühnerbrühe
1 kleine Tasse Milchreis
1 kleine Dose Tomatenmark
2 große Zwiebeln
Salz, Pfeffer
(2 Eßl. Sauerrahm)

1

Die Tomaten in einem Topf mit etwas Wasser zum Kochen bringen, 5 Minuten kochen lassen, dann die Masse durch ein Sieb drücken.

2

In einem Topf die Butter erhitzen, den kleingeschnittenen Porree hinzugeben, dünsten und mit der Hühnerbrühe aufkochen, dann etwa 10 Minuten köcheln lassen.

3

Den Milchreis in die Suppe geben, weitere 10 Minuten leicht kochen lassen, dann die Tomatenmasse und das Tomatenmark unterrühren. Mit Salz und Pfeffer würzen.

4

In einer Pfanne etwas Fett auslassen, die in Ringe geschnittenen Zwiebeln hinzugeben und bräunen.

5

Die Zwiebeln der Suppe zugeben, umrühren. Mit Sauerrahm oder Speisestärke etwas verfeinern oder binden.

Apfelsuppe

3 Eßl Rosinen
5 Äpfel
1 l Wasser
1 kl Tasse Zucker
1 Päckch Vanillezucker
1 Zitrone
1 Teel Zimt
1/2 Päckch Puddingpulver (Vanillegeschmack)
2 Eigelb
200 ml Sahne

1
Die Rosinen in einem Sieb heiß abwaschen und abtropfen lassen. Die Äpfel schälen, vierteln, das Kerngehäuse entfernen und in Scheiben schneiden. Im Wasser etwa 10 Minuten weich kochen.

2
Zucker, Vanillezucker, den Saft der Zitrone, die Rosinen und den Zimt in die Apfelmasse einrühren und auflösen.

3
Das Puddingpulver mit wenig Wasser anrühren. Zur Suppe geben und kurz aufkochen.

4
Zuletzt die Sahne und die Eigelbe unterrühren.

*

Die Suppe kann nach Belieben heiß oder kalt serviert werden.

Westfälische Milchsuppe mit Bier

1 l Milch
1 Flasche Bier
100 gr Rosinen
2 Eßl. Zucker
2 Eßl. Mehl
1 Ei
Zimt
Zucker
Salz

1
Die Milch in einem Topf zum Kochen bringen.

2
Das Bier mit den gewaschenen Rosinen, dem Zucker und dem Mehl verrühren und erwärmen. Zu der Milch geben.

3
Die Suppe mit einem Eigelb verfeinern. Zimt, Zucker und etwas Salz nach Geschmack zugeben.

4
Das Eiweiß zu Eischnee schlagen und je einen Schlag als Krönung auf die Suppe geben.

BUTTERMILCHSUPPE

2 Zwiebäcke
2 Scheiben Weißbrot
2 Scheiben Pumpernickel
1 l Buttermilch
100 gr Rosinen
100 gr Trockenpflaumen
Zucker
Zimt
Salz

1

Das Brot antrocknen und zerreiben. Mit den Zwiebäcken kurz in etwas Wasser einweichen und dann die Brotmasse ausdrücken.

2

Gewaschene Rosinen und entsteinte zerkleinerte Trockenpflaumen kurz in Wasser aufkochen, zu der Brotmasse geben, mit Buttermilch auffüllen und zum Kochen bringen.

3

Mit Zucker, einer Prise Salz und Zimt nach Geschmack würzen.

Apfelbrotsuppe

150 gr Brot
1 1/2 l Wasser
300 gr Äpfel
40 gr Rosinen
Zitronenschale
Weißwein oder Rum
Zucker
Salz

1

Das eingeweichte und in Stücke geschnittene Brot mit Wasser aufsetzen. Die Äpfel schälen, entkernen und in Stücke schneiden und mit der Zitronenschale zu dem Brot geben.

2

Die Masse gut 1 1/2 Stunde kochen.

3

Die Suppe durch ein Sieb streichen, mit Salz, Zucker, Weißwein oder Rum abschmecken und zum Schluß die gewaschenen Rosinen dazugeben.

BIERSUPPE MIT SAGO

50 gr Sago
50 gr Zucker
1 Stck Stangenzimt
Zitronenschale
$^{1}/_{2}$ l helles Bier
50 gr Zucker
1 Prise Salz
1 Teel Kartoffelmehl

1

In einen Topf mit $^{1}/_{2}$ l kochendem Wasser Sago, Zucker, Stangenzimt und ein Stück Zitronenschale geben und solange kochen lassen, bis der Sago gut ist.

2

Das Bier mit dem Zucker und dem Salz aufkochen, Sago hinzugeben und mit einem Teelöffel Kartoffelmehl etwas binden.

Brotsuppe mit Leberwurst

$1^1/_2$ l Fleischbrühe
4 Scheiben Bauernbrot
2 kleine Möhren
300 gr Leberwurst
Petersilie
Salz
Pfeffer

1
Die Möhren ganz klein hacken und in der Fleischbrühe gar kochen. Das in kleine Stücke geschnittene Brot zugeben.

2
Die Pelle der Leberwurst entfernen, die Wurst in kleine Stücke schneiden und in die Suppe rühren.

3
Mit Salz und Pfeffer abschmecken. Abschließend mit Kräutern verfeinern.

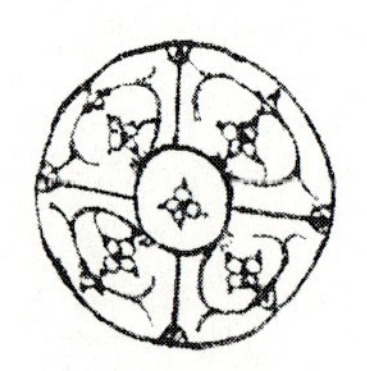

Biersuppe mit Schneehaube

$^1/_2$ l Milch
1 Prise Salz
1 Stange Zimt
30 gr Puddingpulver (Vanille)
60 gr Zucker
1 Ei
$^1/_2$ l Bier

1
Die Milch mit dem Salz und der Stange Zimt zum Kochen bringen. Das Puddingpulver einrühren.

2
Den Zucker mit dem Eigelb schaumig rühren und unter die Suppe heben.

3
Das Bier unterrühren.

4
Das Eiweiß zu Eischnee schlagen und als Haube auf die servierte Suppe setzen.

GRAUPENSUPPE

50 gr Graupen
1 l Gemüsebrühe
$^1/_2$ Blumenkohl
2 Stangen Porree
1 kleine Sellerieknolle
Salz
Pfeffer

1

Die Brühe zum Kochen bringen und die gewaschenen Graupen dazugeben. Bei schwacher Hitze köcheln lassen.

2

Den Blumenkohl waschen, putzen und in kleine Röschen teilen. Die Sellerieknolle putzen, waschen und in kleine Würfel schneiden, den Porree in kleine Ringe.

3

Nach einer halben Stunde das Gemüse in die Brühe geben und nochmals eine halbe Stunde kochen lassen.

4

Die Suppe mit Salz und Pfeffer abschmecken.

FESTTAGSSUPPE

1 Suppenhuhn
1 kg Rindfleisch
500 gr Knochen
Salz
2 Stangen Porree
1 kleine Sellerie
Spargelstückchen
2 Zwiebeln
feine Suppennudeln
Eierstich (Rezept s. Einlagen)
Grießmehlknödel (Rezept s. Einlagen)

1

Das Suppenhuhn mit dem Rindfleisch und den Knochen in einem großen Topf mit Salzwasser zum Kochen bringen.

2

Den Schaum abseien und das Fleisch etwa $1^1/_2$ Stunden leicht köcheln lassen. Die Zwiebeln halbieren und in die Suppe geben.

3

Das Gemüse waschen und kleinschneiden: den Porree in feine Ringe, die Sellerieknolle in dünne Streifen.

4

Das Fleisch und die Zwiebeln aus der Suppe nehmen und das Gemüse hinzufügen. Ebenso feine Suppennudeln (Menge beliebig) in die kochende Suppe geben. Alles 15 Minuten kochen lassen.

5

Wenn das Suppengemüse gar ist, Eierstich und Grießmehlklöße in eine große Suppenschüssel geben, mit Suppe auffüllen und sofort servieren.

Hühnersuppe

1 küchenfertiges Suppenhuhn
1 1/2 Teel Salz
Wasser
1 dünne Stange Porree
2 Tassen Reis

1

Das gewaschene und gesäuberte Suppenhuhn in reichlich Salzwasser zum Kochen bringen.

2

Den Schaum abnehmen und etwa 1 1/2 Stunden köcheln lassen. Porree waschen und in kleine Ringe schneiden.

3

Das Huhn aus der Suppe nehmen, den Porree und Reis hinzufügen und alles etwa 15 Minuten köcheln lassen.

*

Man kann die Suppe mit einem eingelaufenen Ei verfeinern. Das Fleisch eignet sich hervorragend für ein Frikassee.

RINDFLEISCHSUPPE MIT EINLAGE

$1^1/_2$ kg Rindfleisch
3-4 (Mark-)knochen
Salz
Wasser
feine Suppennudeln
1 kleine Stange Porree
Spargelstückchen
Markklöße (Rezept s. Einlagen)

1

Das Fleisch und die Knochen in kochendes Salzwasser geben. Den Schaum abseien und das Fleisch ungefähr $1^1/_2$ Stunden kochen lassen.

2

Den Porree klein schneiden und waschen. Das Fleisch und die Knochen der Suppe entnehmen und Porree, Spargelstückchen und feine Suppennudeln hinzufügen.

3

Das Gemüse und die Nudeln wiederum 15 Minuten kochen lassen.

4

Vor dem Servieren die vorab gefertigten und gegarten Markklößchen hinzufügen.

PETERSILIENWURZEL-KARTOFFELSUPPE

700 gr Kartoffeln
300 gr Petersilienwurzeln
etwas Butter
1 l Gemüsebrühe
1 Bund Petersilie
Salz
Pfeffer
1/2 Becher Sauerrahm

1

Petersilienwurzeln waschen, schälen und in dünne Scheiben schneiden. Etwas Butter zerlassen und die Wurzeln darin andünsten. Mit 1 Tasse von der Gemüsebrühe ablöschen und ca. 5 Minuten garen.

2

Kartoffeln schälen und würfeln. In der restlichen Brühe ungefähr 20 Minuten garkochen.

3

Den Bund Petersilie kleinhacken. Von den Petersilienwurzeln ungefähr 3 Eßl. abnehmen und mit der Petersilie pürieren. Den Rest der Petersilienwurzeln zu den Kartoffeln geben und alles ebenfalls pürieren.

4

Zu der pürierten Petersilie den Sauerrahm geben und gut durchrühren. Diese Masse unter die Suppe rühren. Mit Salz und Pfeffer abschmecken.

Dazu schmeckt gut geröstetes Weißbrot.

SPARGELSUPPE

500 gr Spargel
1 1/2 l Salzwasser
60 gr Butter
60 gr Mehl
1 Eigelb
2 Eßl Sahne
Salz

1

Die Spargelstangen von oben nach unten schälen, dabei darauf achten, daß die Schale und die holzigen Stücke vollständig entfernt werden. In Stücke schneiden.

2

Die Spargelstücke in kochendes (!) Salzwasser geben und 20 Minuten lang gar kochen lassen.

3

Die Butter zergehen lassen, Mehl hinzufügen und die Masse unter Hinzufügen des Spargelwassers immer wieder klumpenfrei rühren, bis eine Suppe entsteht.

4

Das Eigelb mit 2 Eßl Sahne verrühren und mit einem Schneebesen der kochenden Suppe unterschlagen. Mit Salz die Suppe abschmecken.

KARTOFFELSUPPE

1 kg Kartoffeln
1 kleine Sellerieknolle
1 Stange Porree
2-3 Möhren
2 kleine Zwiebeln
etwas Butter
1 1/2 l Fleischbrühe
Salz
Pfeffer
Muskat
Petersilie
Schnittlauch
1 Päckch. Sauerrahm

1

Die Sellerieknolle, die Möhren und die Zwiebeln in kleine Würfel schneiden. Etwas Butter zergehen lassen und das Gemüse darin andünsten.

2

Die Kartoffeln ebenfalls fein würfeln. Die Fleischbrühe zum Kochen bringen, die gewürfelten Kartoffeln und das in Butter angedünstete Gemüse hinzufügen. Ungefähr 15 Minuten lang bei nicht zu starker Hitze köcheln lassen.

3

Den Porree in feine Ringe schneiden und ca. 10 Minuten mitkochen lassen.

4

Von der Suppe 2 große Schöpflöffel abnehmen, pürieren, den Sauerrahm darunter glattrühren. Diese Masse in die Suppe zum Andicken geben. Mit Salz, Pfeffer und Muskat abschmecken.

5

Vor dem Servieren Petersilie und Schnittlauch auf die Suppe streuen.

Bohnensuppe mit weissen Bohnen

- für 6 Personen -

250 gr weiße Bohnen
1 Stange Porree
$^1/_2$ Sellerieknolle
1 Zwiebel
1 Möhre
Salz
Pfeffer
Essig
250 gr Schweinefleisch
4 Mettendchen
Schinkenreste
8 Kartoffeln

1

Die weißen Bohnen über Nacht einweichen.

2

Die Bohnen in einem Topf zum Kochen bringen, das Fleisch hinzufügen und ca. $1^1/_2$ Stunden kochen lassen.

3

Die in Würfel geschnittenen Kartoffeln, die Zwiebel, den kleingeschnittenen Porree, die Möhre und Sellerie hinzugeben und $^1/_2$ Stunde weiterkochen lassen.

4

Zum Schluß mit Salz, Pfeffer und ein wenig Essig abschmecken.

Typische Beilage: Mehlpfannkuchen

Linsensuppe mit Wein

300 gr Linsen
1 Möhre
1 kleines Stück Sellerie
2 große Kartoffeln
1 Zwiebel
Salz
schwarzer Pfeffer
$^{1}/_{8}$ l trockener Rotwein

1

Die Linsen waschen und verlesen. Das Wasser abgießen und die Linsen in einem Liter Wasser einweichen.

2

Die Linsen zum Kochen bringen und zugedeckt bei mäßiger Hitze etwa eine Stunde kochen lassen.

3

Zwischenzeitlich die Möhre und den Sellerie putzen, schälen, waschen und zerkleinern. Die Kartoffeln schälen, waschen und würfeln. Die Zwiebel schälen und fein hacken.

4

Das ganze Gemüse zu den Linsen geben und etwa $^{1}/_{2}$ Stunde kochen. Die Suppe mit Salz und Pfeffer kräftig würzen und zum Schluß den Wein zugeben.

Frühlingssuppe

$1^1/_2$ l klare Fleischbrühe
Gemüse der Saison:
Möhren
Kohlrabi
Blumenkohl
Schnibbelbohnen
Wirsing
Spargel
Erbsen
Sellerie
Porree

1

Zunächst die Fleischbrühe zubereiten.

2

Die Gemüse werden geputzt und gewaschen und zerkleinert: Möhren und Kohlrabi in kleine Stückchen schneiden, Blumenkohl in kleine Röschen, Schnibbelbohnen in kleine schräge Schnitzel, Wirsing in kleine Scheiben, Spargel nach dem Schälen in fingerlange Stücke, Sellerie in Würfel und Porree in Scheiben.

3

Das Gemüse in die kochende Fleischbrühe geben und kochen. Wenn das Gemüse gar ist (nach ca $^1/_2$ Stunde), die Suppe mit Salz abschmecken.

EINLAGEN

GEMÜSE

Als Gemüseeinlagen eigenen sich:
Spargelstückchen
Porreeringe
Blumenkohlröschen
Erbsen
feingeraspelte Möhren
Kohlrabistückchen
Petersilie
Selleriestreifen

EINGELAUFENES EI

3 Eier
Salz
Maggi

1
Die Eier in ein hohes Glas geben, mit Salz und Maggi würzen und gut verschlagen.

2
Langsam in die köchelnde Suppe rühren. Je schneller man rührt, um so feiner wird das Ei zerschlagen.

MARKKLÖSSCHEN

50 gr Knochenmark
50 gr Zwieback oder Weißbrot
Salz
Muskat
gehackte Petersilie
2 Eigelb
Eischnee

1
Das Knochenmark aus den Knochen entfernen und glatt rühren.

2
Den Zwieback oder das getrocknete Weißbrot, Eigelb, Salz, Muskat und die Petersilie zu dem Mark geben und alles gut miteinander verrühren.

3
Eischnee hinzugeben und die Masse $1/4$ - $1/2$ Stunde ruhen lassen.

4
Kleine Klößchen formen und 5-10 Minuten in der fertigen Suppe ziehen lassen.

EIERSTICH

4 Eier
8 Eßl Milch
1/2 Teel Salz
Muskat

1
Die Eier gut mit der Milch verquirlen. Salz und Muskat hinzufügen.

2
Einen hohen feuerfesten Becher ausfetten und einen Topf für ein Wassserbad vorbereiten.

3
Die Eimasse in den Becher geben und diesen in das heiße Wasser des Wasserbades.

4
Die Eimasse etwa 1/2 Stunde leicht köcheln oder ziehen lassen (nicht fest kochen!), auf einen Teller stürzen und in Würfel oder Stifte schneiden.

5
Kurz vor dem Servieren in die heiße Brühe geben.

GRIESSMEHLKLÖSSCHEN

$^{1}/_{8}$ l Milch
etwas Butter
60 gr Grieß
1 Ei
Salz

1
Die Milch auf dem Herd erwärmen. Die Butter darin zergehen lassen.

2
Den Grieß einstreuen und gut rühren, bis die Masse kloßartig fest geworden ist.

3
Den Topf vom Herd nehmen und das Ei unterrühren. Die Masse erkalten lassen.

4
Nach dem Erkalten Klöße formen und in der Brühe 10 Minuten gar ziehen lassen.

EINTÖPFE/DURCHGEMÜSE

Die westfälische Küche ist in besonderem Maße auch für die deftige Kost bekannt. Gerade Eintöpfe und „Gemüse durcheinander" sind nicht nur preisgünstig, da in den westfälischen Gärten die Zutaten reichlich vorhanden sind, sondern auch gesund und leicht zu bereiten. In den Gerichten spiegelt sich auch das Gartenjahr wider, denn die Eintöpfe und Durchgemüse sind vor allem saisonal orientiert.

Dabei kann man den Unterschied zwischen Eintopf und Durchgemüse nicht immer klar erkennen. Was eher flüssig ist, ist Eintopf, was eher sämig bis fest ist, ist einfach Durchgemüse. Gerade in diesem Bereich braucht sich die westfälische Küche nicht zu verstecken. Als Stichworte müßten „Dicke Bohnen mit Speck", „Schnibbelbohneneintopf", „Grünkohl mit Mettendchen", „Stielmuseintopf" genügen.

Graupeneintopf

150 gr Graupen
1 l Wasser
1/2 kg Rindfleisch
1/2 Sellerieknolle
2 Möhren
2 Stangen Porree
2 Zwiebeln
250 gr Kartoffeln
Salz
Petersilie

1

Graupen waschen und einweichen. Das Rindfleisch in einen Topf geben und mit den Graupen etwa 1 Stunde kochen.

2

Das Gemüse putzen, waschen und in kleine Stücke oder Würfel schneiden. Zu der Suppe geben.

3

Die Suppe noch einmal eine halbe Stunde garen lassen. Abschließend mit Salz abschmecken und mit Petersilie bestreuen.

ERBSENSUPPE

1 kg frische grüne Erbsen
1 - 1 1/2 l Gemüsebrühe
40 gr Butter
30 gr Mehl
1 Scheibe Kohlrabi

1

Die Erbsen schälen. Die Scheibe Kohlrabi fein würfeln. Butter in einem Topf zergehen lassen und beides darin andünsten lassen.

2

Mit Brühe aufgießen und eine halbe Stunde weich garen.

3

Mehl mit wenig kaltem Wasser anrühren. Das Gemüse durch ein Sieb streichen und die Flüssigkeit mit dem Mehl andicken.

4

Nochmals 10 Minuten köcheln lassen und abschließend mit Salz und Pfeffer abschmecken.

GRÜNKOHLEINTOPF

$1^1/_2$ kg Grünkohl
60 gr Schmalz
4 geräucherte Mettwürstchen
500 gr frische Bratwurst
500 gr Schweinebauch
1 kg Kartoffeln
Winterbirnen
Salz
Pfeffer

1
Den Grünkohl schneiden, gut waschen und abkochen. Das Wasser abschütten.

2
Wurst und Fleisch in Salzwasser aufsetzen und halb gar kochen.
Die kleingeschnittenen Kartoffeln und den Grünkohl zugeben, ebenso die Winterbirnen (ganz und ungeschält).

3
Alles noch eine $^3/_4$ Stunde gar kochen und vorsichtig durcheinandermengen.
Abschließend das Schmalz hinzufügen.

STIELMUS

1 kg Stielmus
1 kg Kartoffeln
$^1/_2$ l Milch
Butter
Salz
Muskat

1

Das Stielmus waschen und klein hacken. Die Kartoffeln schälen und in Würfel schneiden. Beides in eine ausgefettete Auflaufform geben.

2

Die Milch erhitzen, etwas Butter hinzugeben, mit Salz und Muskat würzen und über das Kartoffel-Stielmus-Gemüse geben.

3

Im Backofen bei mittlerer Hitze in gut einer Stunde garen.

typisch für die kalte Jahreszeit

Wirsingdurchgemüse

Wirsing düörene (Lembecker Variante)

500 gr Rindfleisch (Suppenfleisch)
1 Kopf Wirsing
6 Kartoffeln
Salz
Pfeffer
Speck

1

Das Rindfleisch in warmem Salzwasser aufstellen und zum Kochen bringen. Die Suppe abschäumen und ca. 1 Stunde kochen.

2

Den Wirsing in Streifen schneiden, die Kartoffeln würfeln. Beides in den Topf geben und alles weiter eine 1/2 Stunde kochen.

3

Das Fleisch aus der Suppe nehmen, in kleine Stücke schneiden und wieder zur Suppe geben.

4

Den fetten Speck zerlassen und das Fett über die Suppe geben. Abschließend mit Pfeffer abschmecken.

Mit etwas Senf kann man die Suppe zusätzlich abschmecken.

Wurzelgemüse

10 mittelgroße Kartoffeln
10 Möhren
4 Scheiben fetten Speck
Zucker
Salz

1
Die Kartoffeln schälen und in Würfel schneiden, im Salzwasser anschließend zum Kochen bringen.

2
Die gesäuberten, geschälten und kleingeschnittenen Möhren hinzugeben. Etwa 30 Minuten kochen lassen.

3
In einer Pfanne den gewürfelten Speck auslassen und zu dem kochenden Gemüse geben.

4
Zum Schluß das Gemüse mit Zucker abschmecken und so zerdrücken, daß es sämig wird.

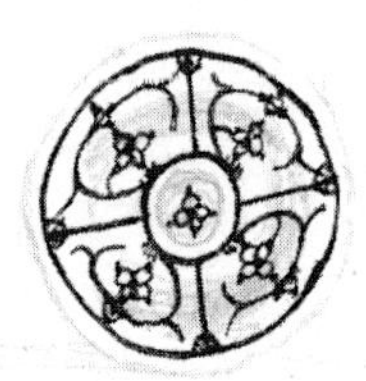

Kartoffel-Schnittlauch-Gemüse

700 gr Kartoffeln
200-250 gr Schnittlauch
Salz
Butter
1/8 l Sahne

1
Die Kartoffeln nach dem Schälen in kleine Würfel schneiden. Den Schnittlauch waschen und klein hacken.

2
Die gewürfelten Kartoffeln mit wenig Salzwasser aufsetzen und in geschlossenem Topf ca. 15 Minuten köcheln lassen.

3
Den Schnittlauch und das Salz hinzufügen und 5-10 Minuten dünsten lassen. Sollte das Wasser noch nicht verkocht sein, dieses abgießen.

4
Das Gemüse, dem man einen Stich Butter und 1/8 l Sahne hinzufügt, mit einem Schneebesen kräftig schlagen.

Dazu serviert man Frikadellen, Spiegeleier oder Mehlpfannekuchen.

SCHNIBBELBOHNENGEMÜSE
DURCHEINANDER

500 gr grüne Stangenbohnen
6-8 Kartoffeln
durchwachsener Speck
Salz
Pfeffer
Zucker
fetter Speck
1 Zwiebel
Mehl

1
Die in feine Scheiben geschnittenen Stangenbohnen mit dem durchwachsenen Speck in Salzwasser geben und darin garen.

2
Die Kartoffeln würfeln und in Salzwasser kochen.

3
Den fetten Speck auslassen, die klein geschnittene Zwiebel dazugeben und kurz dünsten.

4
Schnibbelbohnen, Kartoffeln und die Speck-Zwiebel-Masse zusammengeben, mit Salz, Pfeffer und Zucker abschmecken und gegebenenfalls mit Mehl binden.

dazu schmeckt Mehlpfannkuchen

Wirsinggemüse
mit Mettendchen und Räucherspeck

4 Mettendchen
400 gr Räucherspeck
1 Wirsingkopf
5-7 mittelgroße Kartoffeln
Salz
Pfeffer
1 Zwiebel

1

Die Mettendchen und den Räucherspeck in einen Topf mit siedendem Salzwasser geben und knapp 1 Stunde kochen lassen.

2

Den Wirsing waschen und klein schneiden, die Kartoffeln schälen und würfeln. Das Fleisch aus der Suppe nehmen und Wirsing und Kartoffeln in der Suppe ca. 15-20 Minuten garkochen lassen. Mit Salz und Pfeffer würzen.

3

Den Räucherspeck in kleine Stücke schneiden und in die fertige Suppe geben.

4

Die Zwiebel mit Fett kurz dünsten und in die Wirsingsuppe geben.

Je nach persönlichem Geschmack kann man das Gemüse suppiger oder fester kochen. Dazu läßt man das Wasser oder schüttet es ab.

Stielmuseintopf

1 kg Stielmus
Schweineschmalz
Salz
Pfeffer
$^1/_2$ Ltr Fleischbrühe
1 kg Kartoffeln (weichkochende)
etwas Milch
Butter
Mehl

1
Das Stielmus waschen und die Stiele in kurze Stückchen schneiden.

2
Schweineschmalz in einen Topf geben, erhitzen, das Gemüse hinzufügen und dünsten, dabei umrühren. Mit Salz und Pfeffer würzen, mit Fleischbrühe auffüllen und 20 Minuten köcheln lassen.

3
Die Kartoffeln schälen, in kleine Würfel schneiden und zu dem kochenden Stielmus geben; weitere 30 Minuten kochen.

4
Mit einer Mehlschwitze das Gemüse etwas binden, mit Milch abschmecken und mit Salz und Pfeffer verfeinern.

Um das Gemüse sämig zu bekommen, kann man auch die Mehlschwitze weglassen und das Gemüse leicht stampfen.

Westfälisches Blindhuhn

200 gr weiße, getrocknete Bohnen
Gemüsebrühe
4 Scheiben durchwachsener Räucherspeck
4 Möhren
200 gr grüne Böhnchen
6 Kartoffeln
3 Äpfel
3 Birnen
1 Zwiebel
Salz
Pfeffer
Bohnenkraut

1

Die über Nacht eingeweichten Bohnen in reichlich Gemüsebrühe zum Kochen bringen, den Räucherspeck zugeben und etwas 2 Stunden kochen.

2

Die gewürfelten Möhren, Kartoffeln und kleingeschnittenen Böhnchen sowie die in Scheiben geschnittene Zwiebel hinzugeben.

3

Die geschälten und in Scheiben geschnittenen Äpfel und Birnen noch etwa 20 Minuten mitkochen lassen.

4

Die Räucherspeckscheiben herausnehmen, das Gemüse mit den Gewürzen abschmecken und servieren.

Roggen-bohnen-topf

- für 6 Personen -

200 gr Roggen
1 1/2 Ltr Gemüsebrühe
300 gr grüne Bohnen
300 gr Kartoffeln
200 gr Möhren
Salz
Pfeffer
1 Lorbeerblatt
Bohnenkraut
150 gr saure Sahne
gehackte Petersilie

1

Den Roggen über Nacht in kaltem Wasser einweichen. Am nächsten Tag in der Gemüsebrühe in etwa 35 Minuten weich kochen.

2

Die Bohnen kleinschneiden, die Kartoffeln schälen, waschen und würfeln. Die Möhren putzen, schälen und ebenfalls würfeln.

3

Das Gemüse zum Roggen geben, die Gewürze unterrühren und alles zusammen weitere 25 Minuten kochen lassen.

4

Die saure Sahne schließlich einrühren. Den Eintopf vor dem Servieren mit gehackter Petersilie bestreuen.

Bäuerlicher Sauerkrauteintopf

- Henriette Davidis „...für den gewöhnlichen Tisch" -

500 gr Sauerkraut
Schweineschmalz
Salz
Pfefferkörner
Lorbeerblätter
Fleischbrühe
8 Kartoffeln

1

Das gewaschene Sauerkraut im Schweineschmalz andünsten, mit Salz, Pfefferkörnern, Lorbeerblättern bedecken, mit Brühe auffüllen und ca. 1 Stunde kochen lassen.

2

Die Kartoffeln kochen und dann zu dem Sauerkraut geben. Kartoffeln kleindrücken.

3

Zum Schluß 1 oder 2 roh geriebene Kartoffeln hinzugeben. Eine mögliche Variante ist es, weich gekochte weiße Bohnen zusätzlich oder statt der Kartoffeln hinzuzugeben.

DICKE BOHNEN MIT GEKOCHTEM SCHINKEN

1 kg dicke Bohnen (küchenfertig)
200 gr gekochter Schinken
2-3 feine Stangen Porree
Butter
1 kleines Glas Wein (weiß)
Salz
Pfeffer
Basilikum
Petersilie

1

Den Porree (möglichst nur die weißen Teile) in ganz feine Ringe, den Schinken in kleine Streifen schneiden. Butter in einer Pfanne auslassen und den Porree und Schinken darin andünsten.

2

Die Bohnen und den Wein zugeben, mit Salz und Pfeffer würzen und in der geschlossenen Pfanne 20-30 Minuten garen.

3

Basilikum und Petersilie unter die Bohnen geben und abschließend mit Salz und Pfeffer abschmecken.

Wirsingeintopf

1 kg Kartoffeln
1 kg Wirsing
Salz
Pfeffer
125 gr Speck

1

Die Kartoffeln schälen, in Würfel schneiden und in Salzwasser geben. Zum Kochen bringen.

2

Den Wirsing säubern, grob schneiden und auf die Kartoffeln geben. Mit Pfeffer würzen. 30 Minuten schwach kochen lassen.

3

In einer Pfanne Speckwürfel auslassen und zu dem kochenden Gemüse geben.

DEFTIGER MÖHRENEINTOPF

1 kg Hohe Rippe
Salz
Pfeffer
Zucker
1 kg Möhren
1 kg Kartoffeln
2 Zwiebeln
etwas Butter

1

Das Fleisch in einen Topf mit Wasser geben, salzen, zum Kochen bringen, abschäumen und gut eine Stunde köcheln lassen.

2

Die geschälten und gewürfelten Kartoffeln und Möhren dazugeben, die in Butter gedünsteten Zwiebelstückchen hinzufügen und noch gut $^1/_2$ Stunde weiterkochen lassen.

3

Das Fleisch herausnehmen, würfeln und als Beilage reichen. Das Gemüse mit Pfeffer und Zucker abschmecken. Es muß eine sämige Konsistenz haben.

Als traditionelle Beilage gibt es Apfelmus.

Herzhafter Erntedank-Topf

- für 6 Personen -

200 gr Kartoffeln
200 gr grüne Bohnen
200 gr weiße Bohnen (aus dem Glas)
100 gr durchwachsener Speck
1 Zweig Bohnenkraut
1 Zweig Liebstöckel
2 Eßl Öl
$1^1/_2$ l Fleischbrühe
2 Äpfel, 2 Birnen, Salz, Pfeffer
8 Scheiben Schwarzbrot

1

Die Kartoffeln waschen, schälen und in Würfel schneiden. Die Bohnen ebenfalls waschen, putzen, dabei die Fäden abziehen und die Hülsen halbieren.

2

Die Kräuter waschen, trockenschütteln und die Blätter abzupfen. Einige Blätter zurückbehalten und die restlichen fein hacken.

3

Den Speck würfeln und in dem erhitzten Öl auslassen. Die grünen Bohnen dazugeben und kurz mitbraten. Die Fleischbrühe zugießen und die Kartoffelwürfel und die gehackten Kräuter hinzufügen. Den Eintopf etwa 15 Minuten kochen lassen.

4

Die Äpfel und Birnen waschen, schälen, vierteln, die Kerngehäuse entfernen und in Würfel schneiden. Dann zum Eintopf geben und 5 Minuten mitgaren lassen.

5

Die abgetropften weißen Bohnen zum Eintopf geben und kurz erhitzen. Die Suppe mit Salz und Pfeffer abschmecken. Mit den restlichen Kräutern garnieren und mit dem kräftigen Schwarzbrot servieren.

Deftiger Sauerkrauteintopf

(surmos döorene)

500 gr frisches Sauerkraut
4 Kasselerkoteletts (Lummer)
2 Lorbeerblätter
2 Wacholderbeeren
1/4 Ltr Wasser
1/4 Ltr trockener Weißwein
10 mittelgroße Kartoffeln
1 große Zwiebel
etwas Schweineschmalz

1
Zwiebel in Schweineschmalz andünsten; das zuvor gewaschene Sauerkraut hinzugeben und kurz dünsten.

2
Lorbeerblätter, Wacholderbeeren, Wasser und Wein hinzugeben und umrühren.

3
Das Fleisch auf das Gemüse legen und das Ganze im geschlossenen Topf 60-90 Minuten kochen lassen.

4
Die in Würfel geschnittenen Kartoffeln kochen, zu dem Gemüse geben und mit dem Stampfer vermengen.

Fleischgerichte

Auch im Bereich der Fleischgerichte zeigt Westfalen sich von einer vielfältigen Seite. Während früher das Fleisch eigentlich nur den Sonntagen vorbehalten war, und das war dann in der Regel der klassische Sonntagsbraten (Schweinebraten, Rinderbraten), zeigt sich die westfälische Küche doch recht abwechslungsreich.

Hervorzuheben sind gulaschähnliche Gerichte, deren Besonderheit in der Würzung liegt. Dabei sind Pfeffer und Salz die Standardgewürze, Lorbeerblätter, Wacholderbeeren und oft ein Schuß Essig sorgen für interessante Geschmacksvarianten. Hier sind Schweinepfeffer, Pfeffer-Potthast und das legendäre münsterländische Töttchen zu nennen, dessen Zutaten man lieber nicht erfragt.

BRATWURST IN BIER

1 kg Bratwurst am Stück
Butter
1/2 Flasche Bier

1
Butter in der Pfanne auslassen.

2
Die zu einem Kreis gedrehte Bratwurst einstechen und in die Butter geben, von beiden Seiten anbraten.

3
Das Bier zugeben und darin die Bratwurst garen.

Davidis 30. Auflage 1890, S 206

Billerbecker Schinkenbraten

- einem handgeschriebenen Kochbuch aus den Baumbergen entnommen -

1 kg Schinkenbraten
1 Flasche Rotwein
2 Zwiebeln
10 Wacholderbeeren
1 Zitrone
3 Lorbeerblätter
1 Teel Pfefferkörner
50 gr Schweineschmalz
Salz
Pfeffer
1/4 Ltr Sahne

1

Den Rotwein mit Zwiebelringen, Wacholderbeeren, Zitronenscheiben, Lorbeerblättern und Pfefferkörnern kurz erhitzen und abkühlen lassen. In die Marinade das Fleisch legen und zugedeckt an einem kühlen Ort 2 Tage ziehen lassen. Gelegentlich das Fleisch wenden.

2

Das Fleisch aus der Marinade nehmen, abtropfen lassen, salzen, pfeffern und kräftig von allen Seiten anbraten. Mit einem Teil der durchgesiebten Marinade auffüllen, eventuell Wasser zugeben und etwa 2 Stunden braten lassen.

3

Das Fleisch herausnehmen. Aus dem Fond mit Sahne die Sauce herstellen.

Beilage: Salzkartoffeln, Rosenkohl

SCHINKENBRATEN MIT ZIMTKRUSTE

1-1½ kg Schinkenbraten
Bratfett
Salz
Pfeffer
2 Eßl Butter
2 Scheiben Pumpernickel
1 Scheibe Weißbrot
Zucker
Zimt
2 Eier

1

Die Fettschicht des Schinkenbratens rautenförmig einschneiden, mit Salz und Pfeffer würzen. In einem Topf mit etwas Bratfett kräftig anbraten, Wasser hinzugeben und ca. 1½ Stunde schmoren lassen.

2

Die Butter schmelzen, das geriebene Brot hinzugeben. Zucker, Zimt und Eier mit der Brotmasse vermengen und die Masse etwa 1½ cm dick auf den Braten auftragen.

3

Mit Eigelb bestreichen und noch gut ½ bis 1 Stunde gar schmoren lassen.

Dazu: Hagebuttensauce.

SCHWEINEKARBONADENBRATEN
MIT BROTRINDE

1 kg Schweinekarbonadenbraten
2-3 Zwiebeln
1 kleine Sellerieknolle
2 Möhren
Pfeffer
Salz
Bratfett
4 Scheiben Pumpernickel
1 Ei
2 Eigelb
Zucker
Zitronensaft

1

Den Karbonadenbraten mit Salz und Pfeffer würzen und im Brattopf von allen Seiten anbraten. Zwiebeln zugeben und anbraten.

2

Sellerie und Möhren in kleine Würfel schneiden und zu dem Braten geben, mit etwas Wasser auffüllen und gut 1 1/2 Stunden schmoren lassen.

3

Den Pumpernickel zerreiben. Aus diesen Bröseln, dem Ei, dem Eigelb und dem Zucker und dem Zitronensaft eine Masse mischen, die auf das Fleisch aufgetragen wird. Noch gut 1/2 Stunde weiterschmoren lassen.

Geschmorter Schinken auf Blattspinat

100 gr Möhren
100 gr Zwiebeln
2 Eßl Öl
800 gr gepökelte Schweinenuß (Schinken)
100 ml trockener Weißwein
100 ml Wasser
40 ml Madeira
1 Lorbeerblatt
Thymian
1 kg frischer Blattspinat
75 gr Butter
100 gr saure Sahne
Salz
Pfeffer
Muskatnuß

1
Die Möhren waschen, schälen und in Scheiben, die Zwiebeln in Ringe schneiden. Das Fleisch in einem Brattopf von allen Seiten anbraten. Möhren und Zwiebeln zufügen und mitbräunen lassen.

2
Den Braten mit dem Wein, Wasser und Madeira ablöschen, Lorbeerblatt und Thymian zufügen und den Sud aufkochen lassen. Den Braten in eine backofenfeste Kasserolle geben und im Backofen 1½ Stunde garen. Zwischendurch mit dem Sud begießen.

3
Den Spinat putzen, waschen und 5-7 Minuten in kochendem Salzwasser blanchieren. In ein Sieb schütten und abtropfen lassen. Etwas Butter zergehen lassen, den Spinat darin schwenken und warm stellen.

4

Fleisch aus der Kasserolle nehmen, zugedeckt warm halten. Lorbeerblatt aus dem Bratenfond entfernen, dann den Fond mit dem Gemüse pürieren. Die restliche Butter schmelzen und den pürierten Gemüsefond einrühren.

5

Saure Sahne ebenfalls unterrühren, Sauce etwas einkochen lassen und mit Salz, Pfeffer und Muskatnuß abschmecken.

6

Den Spinat auf einer vorgewärmten Platte verteilen. Das Fleisch in Scheiben schneiden und darauf anrichten. Die Sauce getrennt dazu servieren.

Rindfleisch mit Zwiebelsosse

- für 6 Personen -

der erste Gang eines Festessens bei einer Hochzeit oder zu Weihnachten

2,5 kg Rindfleisch
ca. 1 kg Rindsknochen
200 gr Wurzelwerk (Sellerie, Karotten)
2 mittelgroße Zwiebeln
1 mittlere Stange Porree
Salz
Für die Zwiebelsoße:
125 gr Butter, 4 El. Mehl, 6-8 Zwiebeln, 1 Tl. Senf, 2 El. Essig, 1-2 El. Zucker

1

Das Rindfleisch und die Knochen warm waschen, in einen großen Topf mit ca. 5 Litern kochendem Wasser geben. 1,5 Tl. Salz hinzufügen. Ca. 2 Stunden wallend köcheln lassen. Den Schaum ständig abschöpfen.

2

Gewaschene und geputzte Sellerie und Karotten und die 2 Zwiebeln unzerkleinert in den Topf zum Rindfleisch geben. Suppe wieder gut eine halbe Stunde leicht köcheln lassen. Dann das fertig gegarte Fleisch, Wurzelwerk und die Zwiebeln aus der Suppe heben, die Suppe würzen und durch ein feines Sieb seihen.

3

Für die Zwiebelsoße die Zwiebeln in kleine Würfel schneiden und diese leicht glasig braten. Butter auf dem Herd erwärmen, Mehl hinzufügen und glattrühren. Mit der Suppe nach und nach auffüllen und immer wieder glattrühren, bis die Masse dickflüssig ist.

4

Zuletzt die Zwiebeln hinzufügen und die Soße mit Essig, Senf und Zucker je nach Belieben abschmecken.

5

Das Fleisch gegen den Faserlauf in fingerdicke Scheiben schneiden, mit dem Wurzelgemüse anrichten und mit der Zwiebelsoße servieren.

MÜNSTERLÄNDISCHER SAUERBRATEN

Rezept aus einer Bauerschaft bei Telgte

1 kg Rinderbraten
1 Ltr Weinessig
2 Lorbeerblätter
4 Wachholderbeeren
2 Nelken
2 Zwiebeln
50 gr Bratfett
1 Scheibe Pumpernickel
Salz
Pfeffer

1

Den Rinderbraten ca. 1 Woche in eine Beize einlegen, die aus 1 Liter Weinessig, 1 Liter Wasser, 2 Lorbeerblättern, 4 Wachholderbeeren, 2 Nelken und 2 in Scheiben geschnittenen Zwiebeln besteht. In einem Topf mit Deckel kühl stellen, gelegentlich das Fleisch wenden.

2

Den Rinderbraten gut trocken tupfen, von allen Seiten im Bratfett anbraten, die Zwiebel hinzugeben, anbräunen, würzen, mit etwas Wasser auffüllen und gut 2 Stunden bei mittlerer Hitze im Backofen braten lassen, 30 Minuten vor Bratende den zerbröselten Pumpernickel hinzugeben.

3

Den Braten und die Zwiebel aus dem Sud nehmen und warm stellen.

4

In der Zwischenzeit aus dem Fond die Sauce zubereiten; Fond durchsieben und gegebenenfalls mit Speisestärke leicht andicken.

Westfälischer Rinderschmorbraten

- ein typisch westfälischer Sonntagsbraten -

1 kg Rinderschmorbraten
einige Speckscheiben
Salz
Bratfett
Nelken
Pfefferkörner
1 Lorbeerblatt
1 Zwiebel
etwas Mehl

1
Den abgetupften Braten mit zuvor in Salz gelegte Speckkeile spicken, das Fleisch mit Salz einreiben.

2
Das Fleisch im ausgelassenene Bratfett von allen Seiten anbraten und etwas Wasser hinzugeben.

3
Nelken, Pfefferkörner, 1 Lorbeerblatt und eine Zwiebel hinzufügen, ca. 2 Stunden garen lassen und häufig das Fleisch begießen.

4
Aus dem durchgesiebten Bratenfond unter Zugabe von Wasser und Mehl eine Sauce erstellen, die mit saurer Sahne verfeinert werden kann.

Rinderbraten mit Rotwein

1 kg Rinderbraten
1 l Rotwein
2 Lorbeerblätter
50 gr Bratfett
1 Zwiebel
Sahne
Mehl
Salz
Pfeffer

1

Über Nacht den Rinderbraten mit zwei Lorbeerblättern in den Rotwein legen und ziehen lassen.

2

Den Braten herausnehmen, trocken tupfen, mit Salz und Pfeffer einreiben.

3

In heißem Bratfett von allen Seiten anbraten, danach ab und zu etwas Wasser und Rotwein zugeben. Nach der halben Bratzeit die gewürfelte Zwiebel zugeben. 2 Stunden schmoren lassen. Den Braten herausnehmen und warm stellen.

4

Mit Mehl, Sahne und etwas Rotwein die Soße zubereiten.

Rinderrouladen

4 Scheiben Rinderrouladen
Salz
Pfeffer
Senf
1 Zwiebel (gehackt)
50 gr Räucherspeck in dünnen Scheiben
4 kleine Gewürzgurken
1/4 l Brühe
etwas Mehl
50 gr Bratfett
Sauerrahm

1

Die Fleischscheiben waschen, trocken tupfen, mit Salz und Pfeffer einreiben und mit Senf bestreichen.

2

Mit den gehackten Zwiebeln, dem Räucherspeck und den Gurken füllen. Von der Schmalseite her zusammenrollen und mit einem Faden schließen.

3

In heißem Bratfett von allen Seiten die Rouladen gut bräunen. Mit etwas Brühe begießen und bei geschlossenen Topf etwa 1 1/2 Stunden schmoren lassen.

4

Mit Mehl die Soße binden, mit Sauerrahm verfeinern.

Münsterländisches Gulasch

1 kg Rindfleisch (in Stücke geschnitten)
Bratfett
2-3 Zwiebeln
Salz
2 Eßl Mehl
Lorbeerblatt
Nelken
Pfefferkörner

1
Die Fleischstückchen in einem Topf von allen Seiten braun anbraten. Zwiebelringe zugeben und anbräunen. Dann mit Wasser auffüllen.

2
Salz, Lorbeerblätter, Nelken und Pfefferkörner zugeben und alles 1 Stunde schmoren lassen.

3
Mit Mehl binden und abschließend noch einmal abschmecken.

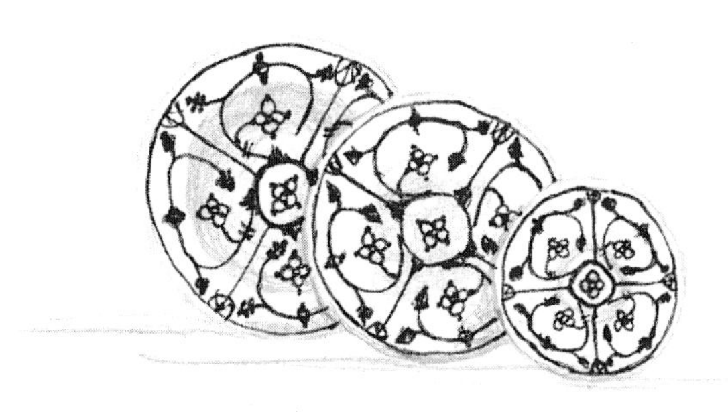

Westfälischer Pfefferpotthast

1 kg Rinderkamm
500 gr Zwiebeln
50 gr Schweineschmalz
100 gr geriebenes trockenes Weißbrot
Fleischbrühe
Salz
Pfeffer
Lorbeerblatt
Zitrone

1

In einem Bratentopf Schmalz auslassen. Das in Würfel geschnittene Fleisch zugeben und rundum anbraten.

2

Die Zwiebeln, Salz, Pfeffer und das Lorbeerblatt zugeben, mit Fleischbrühe auffüllen und etwa 2 Stunden kochen lassen.

3

Geriebenes Weißbrot einrühren und mit Zitrone geschmacklich abrunden.

Beilage: Salzkartoffeln und Gewürzgurken

Pannhas

2 Zwiebeln
150 gr Speck
1 l Fleischbrühe
500 gr Blutwurst
Pfeffer
Salz
Nelkenpulver
500 gr Buchweizenmehl

1

Die gewürfelten Zwiebeln und den kleingeschnittenen Speck in einem Topf auslassen. Mit Fleischbrühe auffüllen. Blutwurstscheiben, in Stückchen geschnitten, zugeben und zum Kochen bringen. Mit Pfeffer, Salz und Nelkenpulver abschmecken.

2

Unter ständigem Rühren in die kochende Masse das Buchweizenmehl geben. Etwa eine Stunde kochen lassen.

3

Die Masse in eine Porzellanschüssel geben und erkalten lassen. Den Pannhas in Scheiben schneiden oder in der Pfanne knusprig braten.

GEFÜLLTE SCHWEINERIPPE

1 kg Dicke Rippe (einschneiden lassen)
Salz
Pfeffer
Schweineschmalz
2 Zwiebeln
2 Äpfel
6 Pflaumen (evt. getrocknete)
Zucker
Zimt

1

Die Äpfel schälen, halbieren, entkernen und in Stückchen schneiden. Die Pflaumen waschen, entsteinen und ebenfalls in Stückchen schneiden. Mit Salz, Zucker und Zimt würzen. Mit der Masse die Dicke Rippe füllen und verschließen.

2

In einem Topf Schmalz auslassen, die mit Salz und Pfeffer gewürzte Dicke Rippe von allen Seiten braun anbraten, 2 in Würfel geschnittene Zwiebeln hinzugeben und bräunen lassen.

3

Etwas Wasser zugeben und etwa 2 Stunden braten lassen.

4

Das Fleisch herausnehmen und warm stellen.
Aus dem Fond eine Sauce bereiten.

Leber mit Zwiebelringen

4 Scheiben Schweineleber
$^1/_4$ l Milch
Mehl
60 gr Butter
Salz
2 Zwiebeln

1
Die Leberscheiben sorgsam waschen, in Milch wenden, dann in Mehl wälzen.

2
In einer Pfanne Butter auslassen und die Leber von beiden Seiten je 5 Minuten braten. Leber herausnehmen. Salzen.

3
In der Pfanne die in Scheiben geschnittenen Zwiebeln andünsten und über die Leber geben.

*

dazu: Stampfkartoffeln

Fisch-/Wild-/Geflügelgerichte

Da die westfälische Küche zunächst auf die Nahrungsmittel ausgerichtet war, die man „selbst im Garten hatte" oder die „aus dem eigenen Stall kamen", führten alle Speisen, die zugekauft werden mußten, ein Schattendasein.

Dieses bezog sich zum einen auf die Fischgerichte, die vor allem in den bergigen Regionen zu finden waren, zum anderen auf Wildgerichte, die es zwar in Fülle gab, die aber für viele Bewohner Westfalens, die nicht gerade etwas mit der Jagd zu tun hatten, einfach nicht bezahlbar waren.

Im Münsterland spielten Fischgerichte nur eine untergeordnete Rolle, lediglich der Hering in unterschiedlichsten Zubereitungsformen hatte einen großen Stellenwert vor allem in den Wintermonaten. Wenn schon kein richtiger Fisch, so kam freitags der „Blinde Fisch" auf den Tisch, der allerdings keine Fischspeise bezeichnet, sondern die etwas verunglückte Bezeichnung für eine Eierspeise darstellt.

Im Sauerland dagegen nahm der Süßwasserfisch, der in den Gewässern gefangen wurde, einen höheren Stellenwert ein. Dieses gilt auch für das Wild, das im waldreichen Sauerland zahlreich vorhanden war und die Speisenkarte bereicherte.

Heringsstip mit Apfel

4 Heringsfilets
2 Zwiebeln
0,2 l Weißweinessig
1 Lorbeerblatt
Pfefferkörner
Pfeffer
Salz
2 Äpfel
4 Eßl Sahne
4 Eßl Sauerrahm

1

Die Heringsfilets waschen und in etwa 2 cm lange Stücke schneiden.

2

Die Zwiebeln in Ringe schneiden und mit dem Weinessig erhitzen. Lorbeerblätter, Pfefferkörner und Pfeffer hinzugeben. Kurz aufkochen und dann abkühlen lassen.

3

Zwei Äpfel schälen, entkernen und in kleine Stücke schneiden. Den erkalteten Essig mit Sahne und Sauerrahm binden.

4

Die Apfelstücke und Heringsfiletstücke in die Sauce geben und in einem geschlossenen Steinguttopf einige Tage durchziehen lassen.

Sauerländische Wildsuppe

Rehknochen
250 gr Rehfleisch
50 gr Butter
2 Eßl Speisestärke
Salz
Pfeffer
0,2 l Rotwein
1/2 Becher Sauerrahm

1
Knochen und Fleisch säubern; in Salzwasser etwa 1 1/2 Stunden kochen. Die Brühe durch ein Sieb geben. Das Fleisch in kleine Stückchen würfeln.

2
Butter in einem Topf erhitzen, Speisestärke zugeben und mit der Brühe binden.

3
Mit Salz und Pfeffer würzen, mit etwas Rotwein abschmecken und mit etwas Sauerrahm verfeinern.

Hasenpfeffer

750 gr Hasenfleisch (Vorderbeine, Bauchlappen, Rippchen...)
50 gr Butter
50 gr durchwachsener Speck (gewürfelt)
1/2 l Fleischbrühe
1/2 Teel Salz
2 Zwiebeln (geschält und gewürfelt)
4 Nelken
8 Pfefferkörner
Zucker
Essig
Pflaumenmus
etwas Mehl

1

Das kleingeschnittene Hasenfleisch abtrocknen. Speck und Zwiebeln kurz in Butter anbraten, das Fleisch hinzugeben und rundum braun anbraten. Mit Brühe ablöschen. 1/2 Teel Salz zugeben und aufkochen lassen.

2

Die Gewürze zugeben und das Fleisch gar schmoren.

3

Mit Mehl eine Soße binden, mit Zucker und Essig süßsäuerlich abschmecken, einen Eßlöffel Pflaumenmus unterrühren.

dazu: Salzkartoffeln und Rotkohl

Gebratener Fasan
Münsterländische Art

1 Fasan (küchenfertig)
etwas Salz
125 gr Speck
Bratfett
1/4 l Wasser
1/4 l saure Sahne
2 Eßl Mehl

1

Den abgewaschenen und gereinigten Fasan von innen und außen salzen. Den Speck in dünne Streifen schneiden und diese um den Fasan herum an ihm befestigen.

2

Einen Bratentopf gut mit Wasser ausspülen, Bratfett in ihm auslassen. Den Fasan in den Topf geben.

3

Den Fasan im Backofen etwa 1 Stunde schmoren lassen.

4

Mit Wasser ablöschen, Sahne zugeben und mit Mehl den Fond binden.

Wildschweinbraten

1 kg Wildschweinrückenbraten
$^1/_2$ l Rotweinessig
$^1/_2$ l Wasser
4 Zwiebeln
Salz
Pfeffer
4 Wacholderbeeren
2 Lorbeerblätter
1 Wurzel
1 Scheibe Pumpernickel
Zucker
Sahne

1

Aus dem Essig, dem Wasser, 2 Zwiebeln, den Lorbeerblättern, Wacholderbeeren und Salz und Pfeffer eine Beize erstellen. Darin den Wildschweinrückenbraten einlegen. An einen kühlen Ort stellen und 4 Tage ziehen lassen.

2

Das Fleisch aus der Beize nehmen, trocken tupfen und in einem Bratentopf mit Schweineschmalz anbraten.

3

Die Zwiebel und die Wurzel würfeln und mit der geriebenen Scheibe Pumpernickel zu dem Braten geben. Mit etwas Rotwein auffüllen.

4

Im Backofen unter gelegentlichem Begießen $1^1/_2$ Stunden schmoren. Das Fleisch nach dem Braten herausnehmen, aus dem durchpassierten Fond mit Rotwein, Zucker, Salz, Pfeffer und Sahne eine Sauce herstellen.

REKENER REHGULASCH MIT PUMPERNICKEL

500 gr Fleisch vom Reh
100 gr Speck
1 Zwiebel
50 gr Bratfett
2 Nelken
2 Lorbeerblätter
3 Wacholderbeeren
Fleischbrühe
1 Glas Rotwein
2 Scheiben Pumpernickel
1 Eßl Preiselbeerenmarmelade
Salz
Pfeffer
1/2 Becher Sahne

1

Das Rehgulasch kräftig waschen, säubern, einige Stunden in kaltem Wasser liegen lassen. Trocken tupfen. Den Speck und die geschälte Zwiebel würfeln.

2

In einen Topf Bratfett geben, das Fleisch rundum kräftig anbraten. Nelken, Lorbeerblätter, Wacholderbeeren zugeben. Mit Rotwein und Fleischbrühe ablöschen. Etwa 1 1/2 Stunden schmoren lassen.

3

Etwas geriebenen Pumpernickel und Preisselbeerenmarmelade zugeben. Kurz mitschmoren lassen.

4

Mit Salz und Pfeffer abschmecken. Mit Sahne binden.

Hühnerfrikassee

1 Suppenhuhn
1 Möhre
1 Petersilienwurzel
50-60 gr Butter
2-3 Eßl Mehl
Spargelstückchen (gar)
Champignons (gar)
Kapern
Salz

1

Das Suppenhuhn waschen und mit der Petersilienwurzel und Möhre in 2-3 l kochendes Salzwasser geben. Ca. $1^{1}/_{2}$ Stunden köcheln lassen, bis das Huhn gar ist.

2

Das Huhn aus der Brühe nehmen, das Fleisch von den Knochen lösen und klein schneiden. Die Brühe durch ein Sieb gießen.

3

Die Butter in einem Topf auf dem Herd langsam zergehen lassen, Mehl hinzufügen und nach und nach unter ständigem Glattrühren auffüllen, bis eine saucenartige Konsistenz erreicht ist.

4

Die gegarten Spargelstückchen, die Champignons, die Kapern und das Fleisch in die Sauce geben und gut durchziehen lassen. Mit Salz abschmecken.

*

Als Beilage empfiehlt sich Reis, im westlichen Münsterland jedoch wird das Frikassee meistens mit Salzkartoffeln serviert.

Eier-/Mehlspeisen

Diese Speisen gelten gemeinüblich als „Arme Leute-Essen", jedoch zeigt sich bei näherer Betrachtung, daß die Westfalen es verstanden haben, zahlreiche Gerichte zu entwickeln, die in unterschiedlichsten Variationen den alltäglichen Speisenzettel bestimmten.

Besonders im Münsterland gab es eine ausgesprochene „Pfannkuchenkultur". Ob Buchweizenpfannkuchen, Mehlpfannkuchen, mit Pflaumen und Holunder, Apfelstückchen oder Zimt, der Pfannkuchen war und ist auch vielfach noch wichtiger Bestandteil der Küche.

Auf den großen Bauernhöfen war es üblich, daß es Pfannkuchen täglich gab, zumeist abends frisch aus der Pfanne. Aber auch ein deftiger Eintopf oder ein Durchgemüse war ohne den Mehlpfannkuchen kaum denkbar.

Nudeln mit Pflaumen

500 gr Makkaroni
Salz
2 Zwiebäcke
eingemachte Pflaumen (Glas)

1
Die Nudeln in Salzwasser kochen, anschießend auf einem Sieb abtropfen lassen und in eine Schüssel geben. Die Zwiebäcke reiben und über die Nudeln geben.

2
Die eingekochten Pflaumen aus dem Glas zu den Nudeln als Beilage essen. Den Pflaumensaft über die Nudeln geben.

STRUWEN

500 gr Mehl
etwas Zucker
1 Päckchen Hefe
1/4 l Milch
100 gr Butter
2 Eier
150 gr Rosinen
Schmalz
Puderzucker

1
Die Hefe mit etwas lauwarmer Milch verrühren und mit einem kleinen Teil des durchgesiebten Mehls vermengen. Zur Seite stellen und gehen lassen.

2
Das übrige Mehl, den Zucker, die Milch, die Butter, die Eier und die Rosinen zugeben und zu einem Teig durcharbeiten. Wiederum gehen lassen (ungefähr eine Stunde).

3
In einer Pfanne das Schmalz auslassen und jeweils von dem Teig eine eßlöffelgroße Masse von zwei Seiten darin backen lassen.

4
Die fertigen Struwen mit Puderzucker bestreuen und sofort heiß verzehren.

Im Westmünsterlamd typisches Karfreitagsgericht.

Buchweizenpfannekuchen

500 gr Buchweizenmehl
1/2 l Buttermilch
1 Tasse Kaffee
Salz
4 Eier
Schweineschmalz

1
Das Buchweizenmehl mit Buttermilch und Kaffee anrühren.

2
Eier und Salz gut untermischen, bis der Teig dicklich ist. Kurz quellen lassen.

3
In einer Pfanne Schmalz auslassen. Den Teig löffelweise in die Pfanne geben, den Pfannkuchen von beiden Seiten braun backen.

*

Nach Belieben kann er auch mit Apfelstückchen gebacken werden.

Holunder-Pfannkuchen

2 Tassen Mehl
1 Tasse Milch
2 Eier
Salz
Zucker
Schweineschmalz
500 gr Holunderbeeren
Zucker

1

Aus dem Mehl, der Milch und den Eiern einen Pfannkuchenteig herstellen, der mit Zucker und Salz gewürzt wird. Etwas stehen lassen.

2

In einer Pfanne Schmalz erhitzen, dann den Teig löffelweise hinzugeben. Die Holunderbeeren auf den Teig geben. Dann den Pfannkuchen wenden und goldbraun backen.

3

Den Pfannkuchen herausnehmen, mit Zucker bestreuen und sofort servieren.

Eier in Senfsosse

60 gr Mehl
2 Eßl Zucker
1-2 Eigelb
2-3 Eßl Senf
etwas Essig
gekochte halbierte Eier
Salz

1

Mehl, Zucker, Eigelb, Senf und Essig in einem Topf verrühren und unter ständigem Rühren zum Kochen bringen.

2

Mit Salz, Zucker und Essig die Sauce abschmecken.

3

Halbierte gekochte Eier hinzufügen und servieren.

KARTOFFELGERICHTE

Was wäre Westfalen ohne die Kartoffel? Was für die Suppe gilt, ist in noch stärkerem Maße über die Kartoffel zu sagen: „Ein Mittagessen ohne Kartoffeln ist kein Mittagessen". Dieses fast untrennbare Verhältnis des Westfalen zu seiner Kartoffel verdeutlicht sich in der Geringschätzung von Nudeln und Reis („Nudeln und Reis gehören in die Suppe").

Kein Wunder, daß es ein unüberschaubares Spektrum von Kartoffelgerichten gab und gibt. Dieses reicht von den ersten geschrabbten Frühkartoffeln bis zum Kartoffelsalat, von den fast vergötterten Reibeplätzchen bis zu den abendlichen Scheibenkartoffeln. Ein Eintopf oder Durchgemüse ohne Kartoffeln ist nicht denkbar und nicht machbar.

BRATKARTOFFELN

800 gr Kartoffeln (festkochend)
100 gr durchwachsener Speck (geräuchert)
2-3 Zwiebeln
Salz
Pfeffer

1
Die Kartoffeln schälen und entweder in Scheiben oder in Würfel oder Stücke schneiden.

2
Den durchwachsenen Speck in kleine Würfel schneiden, ebenso die Zwiebeln.

3
Speck in der Pfanne anbraten, die Zwiebeln hinzufügen und ca. 10 Minuten braten.

4
Die Kartoffeln in die Pfanne geben, stark anbraten, dann - nach Zugabe von wenig heißem Wasser - die Kartoffeln garen lassen (ca. 30 Minuten). Mit Salz und Pfeffer würzen.

Ein beliebtes Gericht für den Sonntagabend; hergestellt entweder aus rohen oder aus gekochten Karfoffeln, die vom Mittagessen übriggeblieben waren. Die Bratkartoffeln werden gerne mit Spiegeleiern gegessen.

BRATKARTOFFELN
MIT ÄPFELN UND MÖPKENBROT

1 kg gekochte Pellkartoffeln
50 gr Butter
2 Äpfel
4 Scheiben Möpkenbrot
50 gr Schweineschmalz

1

Die Pellkartoffeln schälen, in dünne Scheiben schneiden und in eine Pfanne mit erhitzter Butter geben. Darin braten.

2

Die Äpfel schälen, entkernen und in Scheiben schneiden. Zu den Kartoffelscheiben in die Pfanne geben. Mitbraten.

3

In einer zweiten Pfanne 4 Scheiben Möpkenbrot in Schweineschmalz von beiden Seiten braun braten.

SCHEIBENKARTOFFELN

gab es jeden Abend auf einem Bauernhof in Herzfeld-Lippetal

3 Scheiben fetten Speck
10 mittelgroße festkochende Kartoffeln
Salz

1

In einer Pfanne den Speck auslassen und die in dünne Scheiben geschnittenen Kartoffeln hinzugeben und kräftig anbraten.

2

Mit Wasser auffüllen und bei gelegentlichem vorsichtigen Umrühren solange köcheln lassen, bis das Wasser verdunstet ist. Mit etwas Salz abschmecken.

schmeckt ausgezeichnet als Beilage zu Schinken- und Mettwurstschnittchen

Plaaten in de pann

1 kg Kartoffeln
500 gr grobe Bratwurst
50 gr Mehl
50 gr Schweineschmalz
1/4 l Fleischbrühe
Pfeffer
Salz
etwas Sahne
1 Bund Petersilie

1
Die Kartoffeln schälen und in Scheiben schneiden.

2
Die Bratwurst kurz in heißem Wasser ziehen lassen, in Stücke schneiden, in Mehl wälzen und in die Bratpfanne geben, in der Schweineschmalz erhitzt worden ist. Kurz anbraten, dann mit etwas Fleischbrühe auffüllen.

3
Die Kartoffelscheiben in die Pfanne geben, mit Pfeffer und Salz würzen. Etwa 20 Minuten garen lassen.

4
Mit etwas Sahne binden und mit Petersilie garnieren.

Reibeplätzchen

1 kg Kartoffeln
1 Zwiebel
1 Eßl Haferflocken
2 Eier
3 Eßl Mehl
Salz
Schweineschmalz oder Öl

1
Die geschälten Kartoffeln reiben. Die Zwiebel hacken.

2
Die Kartoffelmasse mit der gehackten Zwiebel, den Haferflocken, den Eiern, dem Mehl und dem Salz vermengen.

3
Den Teig sofort verarbeiten: in der Pfanne Schweineschmalz oder Öl erhitzen und kleine Kuchen knusprig braun backen.

Als Beilage empfiehlt sich Apfelkompott.

PICKERT

1 kg Kartoffeln
3 Eier
125 gr Rosinen
Zucker
Salz
etwas Mehl
etwas Milch
1 Päckchen Hefe
Schmalz

1
Die geschälten Kartoffeln durch eine Reibe fein reiben.

2
Eier, Mehl, etwas Zucker, Rosinen und Salz zugeben und zu einem Teig verarbeiten.

3
Die Hefe mit etwas Milch anrühren und etwa eine halbe Stunde gehen lassen. Dann zu dem Teig geben und wiederum gehen lassen.

4
Mit Schmalz in einer Pfanne von beiden Seiten braun backen.

Als Beilage empfiehlt sich selbstgemachte Marmelade.
Pickert schmeckt aufgewärmt am besten!

SAUERKRAUT-KARTOFFEL-AUFLAUF

500 gr Sauerkraut
1 Zwiebel
20 gr Butter
Kümmel
6 große Pellkartoffeln
3 Eier
250 ml Milch
100 gr Quark
2 große Tomaten
150 gr geriebener Käse
Salz
Muskatnuß

1
Das Sauerkraut abtropfen lassen. Die Zwiebel schälen und würfeln und im heißen Fett anbraten.

2
Das Sauerkraut auseinanderzupfen und zu der Zwiebel geben. Mit Kümmel bestreuen und kurz mitdünsten.

3
Die Kartoffeln pellen und würfeln, zum Sauerkraut geben und untermischen. Die Mischung in eine gefettete Auflaufform geben.

4
Die Eier mit der Milch, dem Quark und den Gewürzen verrühren und über den Auflauf geben. Die Tomaten waschen und in Scheiben schneiden. Diese auf den Auflauf legen.

5
Den Auflauf mit Käse bestreuen und im vorgeheizten Backhofen bei 200 Grad etwa 30 Minuten überbacken.

SALATE

In Westfalen gibt es ein fast gebrochenes Verhältnis zu Salaten. So denkt man in Westfalen bei Salaten eher an Kartoffelsalat und Heringssalat, Nudelsalat oder Reissalat. Ein Rohkostsalat aus Möhren, die in Westfalen ja lapidar Wurzeln genannt werden, ist undenkbar, denn Gemüse wird ja bekanntlich gekocht.

Die einzigen Salate, die in der traditionellen Küche geduldet werden, sind der grüne Salat, der im Sommer täglich auf den Tisch kommt, bevor er im Garten „schießt", und im Winter der Endiviensalat, der wie Kohl geschnitten und mit einer süßlichen Sahnesoße angemacht wird.

Warmer Kartoffelsalat

$1^1/_2$ kg Kartoffeln
65 gr fetter Speck
40 gr Bratfett
Salz
2 Eßl Mehl
2 Zwiebeln
Essig
Pfeffer

1

Die Kartoffeln abwaschen und in der Schale garkochen.

2

Den gewürfelten Speck und das Bratfett in einem Topf auslassen. Die kleingewürfelten Zwiebeln und das Mehl zugeben. Nicht bräunen lassen. Unter Zugabe von etwas Wasser eine glatte, gut gebundene Soße kochen, diese mit Salz und Essig abschmecken.

3

Die geschälten, in Scheiben geschnittenen Kartoffeln zur Soße geben, gut durchrühren und noch einmal ziehen lassen.

Nudelsalat

1 kg Nudeln
2 Eier
Öl
Essig
Salz
Zucker
125 gr Erbsen
2 Möhren
125 gr Rindfleisch (gekocht oder gewürfelt)
4 hartgekochte Eier

1
1 kg Nudeln in Salzwasser garkochen.

2
Eine Mayonnaise aus 2 Eiern, Öl, Salz, Essig und Zucker herstellen.

3
Frische Erbsen und kleine, in Stücke geschnittene Möhren kochen und in einen Durchschlag geben.

4
Nudeln, Erbsen, Möhren, Rindfleischwürfel in eine Schüssel füllen. Darüber die Mayonnaise geben.

5
Mit hartgekochten Eiern garnieren.

Reissalat

250 gr Reis
1 kleine Dose Ananas
1 Dose Spargel
1 Dose Champignons
1 kleines Glas Mayonnaise
etwas Milch
Saft einer halben Zitrone
1 Bund Petersilie

1
Den Reis nach Packungsanweisung kochen.

2
Ananas, Spargel und Champignons in kleine Stückchen schneiden.

3
Aus der Mayonnaise, dem Zitronensaft und der Milch eine Creme bereiten.

4
Alle Zutaten miteinander verrühren und den Salat ziehen lassen.
Mit Petersilie bestreuen.

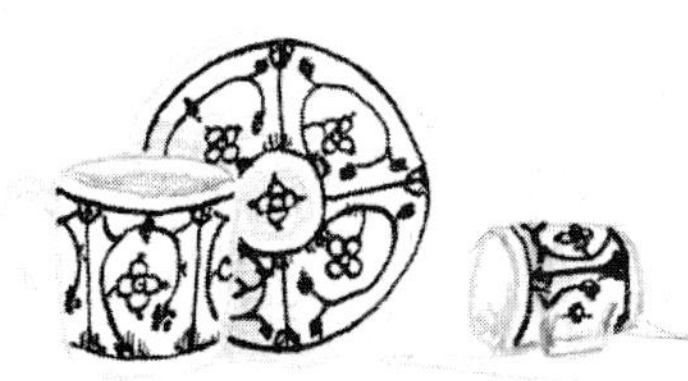

Heringssalat

3 Kartoffeln (gekocht)
200 gr Rote Bete
1 Gewürzgurke
3 Äpfel
2 eingelegte Heringe
3 Eßl Sahne
2 Eßl Mayonnaise
Salz
Pfeffer
Zucker
1 Schuß Essig

1
Kartoffeln, Rote Bete, Gewürzgurke, Äpfel und Heringe in kleine Stückchen schneiden.

2
Aus der Sahne, der Mayonnaise, dem Salz, Pfeffer, Zucker und Essig eine Creme herstellen. Abschmecken.

3
Die Zutaten vorsichtig miteinander vermischen und den Heringssalat ziehen lassen.

WEISSKRAUTSALAT

1 kl Weißkohlkopf (etwa 600 gr)
1/2 Teel Salz
1 Zwiebel
200 gr durchwachsener Speck
1 Eßl Öl
1/2 Teel Kümmel
4 eingelegte grüne Peperoni
4 Eßl Weißweinessig
5 Eßl Öl

1

Den Weißkohl putzen, vom Strunk entfernen und fein hobeln. Die Streifen mit dem Salz bestreuen und zugedeckt ca. 30 Minuten ziehen lassen. Dann die Flüssigkeit abgießen.

2

Die Zwiebel und den Speck fein würfeln und den Speck in dem erhitzten Öl knusprig braten.

3

Den Weißkohl mit Salz, Zwiebelwürfeln, Kümmel, den gehackten Peperoni, dem Essig und dem Öl vermischen.

4

Die gut abgetropften Speckwürfel zugeben, gut durchmischen und abschmecken.

GEMÜSE

Westfalen ist im Hinblick auf Gemüsegerichte ein Schlaraffenland.

Ob Wirsing, Spinat, Dicke Bohnen, Fiezebohnen, Erbsen, Wurzeln und gelbe Böhnchen, Schwarzwurzeln und Rote Bete, Stielmus.., die Reihe scheint kein Ende zu nehmen. Besonders im Winter verwandelt sich Westfalen in eine Kohllandschaft.

Neben dem Sauerkraut spielt vor allem der Grünkohl, der nach dem ersten richtigen Frost erst geerntet werden darf, eine große Rolle. Grünkohlrezepte gibt es daher fast so viele wie Berge im Sauerland.

Aus der Vorliebe für Gemüse in Westfalen erklärt sich gleichzeitig auch das gespannte Verhältnis zu Salaten.

Sauerkraut mit Altbier

2 Zwiebeln
50 gr Schweineschmalz
500 gr frisches Sauerkraut
2 Lorbeerblätter
6 Wacholderbeeren
Salz
Pfeffer
Zucker
0,4 l Altbier

1
Die Zwiebeln schälen, würfeln und in einem Topf im Schweineschmalz andünsten.

2
Das gewaschene und gezupfte Sauerkraut dazugeben. Andünsten. Mit Altbier auffüllen.

3
Die Lorbeerblätter, Wacholderbeeren, Salz, Pfeffer, Zucker hinzugeben und etwa eine Stunde schwach kochen.

Sauerkraut mit weissen Bohnen

200 gr weiße Bohnen
Fleischbrühe
50 gr Schweineschmalz
1 Zwiebel
1 Eisbein
500 gr frisches Sauerkraut
Salz
Pfeffer
Wacholderbeeren

1
Die weißen Bohnen über Nacht einweichen. In einer Fleischbrühe ca. 2 Stunden garen.

2
In einen Topf Schweineschmalz geben, darin die gewürfelte Zwiebel dünsten, das gewaschene Sauerkraut und das Eisbein zugeben.

3
Salz, Pfeffer, Wacholderbeeren und Zucker zugeben und das Kraut etwa 2 Stunden kochen.

4
Das Fleisch herausnehmen. Die Bohnen zum Sauerkraut geben.

*

Beilage: Salzkartoffeln

Westfälisches Sauerkraut

1 kg Sauerkraut
1 Zwiebel
6 Wacholderbeeren
2 Lorbeerblätter
1 Glas Weißwein
4 Kasseler Koteletts
Salz
Zucker

1
Aus dem Sauerkraut die Flüssigkeit herausdrücken.

2
Das Schmalz im Topf auslassen, Zwiebel in Würfel schneiden, zugeben und glasig dünsten.

3
Das Sauerkraut hinzugeben, Wacholderbeeren und Lorbeerblätter beifügen. Mit dem Weißwein und etwas Wasser auffüllen. Die Kasseler Koteletts auf das Sauerkraut legen und gut eine Stunde schmoren lassen.

4
Mit Salz und Zucker abschmecken.

*

Dazu: Stampfkartoffeln

Grünkohl mit Kasseler Rippenspeer

1 kg Grünkohl
2 große Zwiebeln
100 gr Schweineschmalz
Salz
Zucker
250 gr Kasseler Rippenspeer
1 frische Mettwurst
1 Räucherendchen
2 Eßl Haferflocken
etwas Mehl

1
Den Grünkohl säubern, klein schneiden und kurz abkochen.
In einen Durchschlag geben.

2
In einem Topf das Schmalz auslassen, die in Würfel geschnittenen Zwiebeln und den Grünkohl zugeben. Kurz andünsten.

3
Etwas Wasser hinzugeben, etwas salzen und die Haferflocken zugeben.

4
Das gewaschene Fleisch oben auflegen und 1 bis $1^1/_2$ Stunde bei schwacher Hitze kochen lassen.

5
Mit Salz und Zucker abschmecken, mit etwas Mehl binden.

Rotkohl

1 kg Rotkohl
50 gr Schweineschmalz
2 Zwiebeln
0,2 l Rotweinessig
Salz
Pfeffer
4 Wacholderbeeren
2 Lorbeerblätter
2 Nelken
1 Apfel

1
Schweineschmalz in einen Topf geben, die geschälten und gewürfelten Zwiebeln darin dünsten.

2
Den geputzten Rotkohl in dünne Streifen schneiden, mitdünsten.

3
Etwas Wasser und Rotweinessig zu dem Rotkohl geben, mit Salz, Pfeffer, Nelken, Wacholderbeeren, Lorbeerblättern würzen, einen geschälten und in Wurfel geschnittenen Apfel hinzugeben und etwa 1 Stunde köcheln lassen. Nochmals abschmecken.

Gefüllter Wirsing

1 großer Wirsing
500 gr Gehacktes (halb und halb)
2 Eier
4 Zwiebäcke
Salz
Pfeffer
2 Zwiebeln
Butter
Mehl
Zitronensaft

1

Von dem Wirsing ganze Blätter abnehmen. Diese kurz abkochen.

2

In einen Durchschlag ein Tuch legen, darauf die abgekochten Wirsingblätter.

3

Aus dem Gehackten, den Eiern, den klein geschnittenen Zwiebäcken und Zwiebeln sowie Salz und Pfeffer eine Masse kneten, die schichtweise mit dem Wirsing in den Durchschlag gegeben wird.

4

Die Randblätter herüberklappen, den gefüllten Wirsing zubinden und in einem großen Topf mit Salzwasser gut 2 Stunden kochen.

5

Eine Mehlschwitze mit dem Kochwasser erstellen und mit Zitronensaft abschmecken. Die Sauce über den gefüllten Wirsing geben.

SCHWARZWURZELN

1 kg Schwarzwurzeln
Essig
50 gr Butter
2 Eßl Mehl
Saft einer halben Zitrone
Zucker
Salz
Pfeffer
Petersilie

1
Die Schwarzwurzeln gründlich waschen, schälen und in Abschnitte schneiden.

2
Die Schwarzwurzeln in Salzwasser unter Zugabe von etwas Essig 25 Minuten kochen lassen.

3
Aus Butter, Mehl und der Schwarzwurzelbrühe eine Soße bereiten. Diese mit Zitronensaft, Zucker, Salz und Pfeffer abschmecken.

4
Die Schwarzwurzeln in die Soße geben und mit Petersilie bestreuen.

SPINAT

1 kg frischer Spinat
50 gr Butter
1 Zwiebel
Salz
Pfeffer
Muskat
1/2 Becher Sauerrahm

1

Den Spinat gründlich säubern, in einem Topf mit etwas Wasser kurz aufkochen.

2

In einem Topf Butter auslassen, eine kleingewürfelte Zwiebel darin dünsten, den grob zerkleinerten Spinat zugeben und gardünsten.

3

Mit Salz, Pfeffer und Muskat würzen und mit Sauerrahm abschmecken.

SOSSEN

Wer eine intensive Beziehung zur Kartoffel hegt, für den ist auch eine Soße unverzichtbarer Bestandteil eines Essens. Dabei haben die Westfalen die Angewohnheit, ihren Bratenfond mit Mehl anzudicken, zu Gulaschgerichten wie Pfeffer-Potthast schon beim Kochen etwas Mehl hinzuzugeben. Dabei gilt die Devise: nicht flüssig, sondern sämig.

Auch zu Gemüsen wird neben einer Verfeinerung mit Butter die sogenannte Holländische Soße bevorzugt, die mit Muskat abgeschmeckt werden kann. Schwarzwurzeln, Rosenkohl und Wirsing werden beispielsweise in dieser Soße serviert.

Bei Salaten gibt es eigentlich nur eine Soße, nämlich die Sahnesoße, säuerlich-süß, cremig, mit kleinen Zwiebelstückchen.

PUMPERNICKELSOSSE

- ideal zum Sauerbraten -

Bratenfond
2 Scheiben Pumpernickel
1 Eßl Mehl
$^1/_2$ Becher Sahne
2 Eßl Rübenkraut

1

In den Bratenfond 15 Minuten vor Beendigung der Garzeit des Fleisches 1-2 Scheiben Pumpernickel hineinbröseln.

2

Nach Herausnahme des Fleisches mit Sahne und etwas Mehl die Soße andicken, zur Verfeinerung Rübenkraut hinzugeben.

Rosinensosse

50 gr Butter
2 Eßl Mehl
1/4 l Wasser oder Brühe
50 gr Rosinen
1 Glas Rotwein
1/2 Zitrone
Muskat
Nelken
Zucker
Salz

1

Die Butter in einem Topf auslassen, das Mehl hinzugeben und mit Wasser oder Brühe ablöschen.

2

50 gr Rosinen (gewaschen und eingeweicht) hinzugeben, mit Rotwein, Zitronensaft, abgeriebene Zitronenschale und etwas Muskat und einigen Nelken würzen. Aufkochen lassen und mit Zucker und Salz abschmecken.

HAGEBUTTENSOSSE

- nach Henriette Davidis -

1 Tasse Hagebutten
$^1/_2$ l Wasser
1 Glas Weißwein
50 gr Zucker
1 Teel Zimt
2 Eßl Kartoffelmehl

1
Die gesäuberten Hagebutten mit dem Wasser 15 Minuten kochen, dann durch ein Sieb drücken.

2
Die Masse mit Weißwein, Zucker und Zimt aufkochen und mit Kartoffelmehl binden.

SENFSOSSE

50 gr Butter
2 Eßl Mehl
1/2 l Milch
2 Eßl Senf
Salz

1
In einem Topf Butter auslassen, unter Rühren etwas Mehl zugeben.

2
Mit Milch auffüllen, bis alles leicht dicklich wird.

3
Scharfen Senf zugeben, umrühren und mit Salz abschmecken.

klassische Soße zu gebratenem Fischfilet

SAHNESAUCE ZUM KOPFSALAT

1 kleine Zwiebel
1/2 l Becher süße Sahne
Öl
Zitronenessig
2 Teel Zucker

1
Die Zwiebel in sehr kleine Würfel schneiden, in eine Schüssel geben.

2
Sahne, etwas Öl, Zitronenessig und den Zucker zugeben und verrühren.

*

im westlichen Münsterland bevorzugt man folgende Variante:

FEINE SAHNESAUCE

200 gr Sahne
1 Zitrone
2 Eßl Zucker

1
Die Sahne in eine Salatschüssel geben, den Zucker unterrühren, bis er sich auflöst.

2
Saft einer ausgepreßten Zitrone unter Rühren (Vorsicht vor dem Gerinnen!) zu der Sahne geben, bis eine dickliche Masse entsteht.

*

(Tip: Verwendet man einen Schneebesen zum Verrühren, so wird die Sauce schaumig)

NACHTISCHE

Das, was allgemein als Nachspeise oder Dessert bezeichnet wird, heißt in großen Teilen Westfalens Nachtisch. Was so bescheiden klingt, ist in der Woche auch zumeist nicht sehr aufwendig: da gibt es eingemachte Pflaumen oder Birnen aus dem Glas, eine Stippmilch oder Dicken Reis, Dicke Milch oder Grießmehlpudding mit Himbeersaft, häufig auch Quark mit Früchten.

Sonntags oder aber zu Festtagen wird mächtig aufgetischt: da kann es schon einmal eine westfälische Quarkspeise oder ein Pumpernickelquark sein, bei Hochzeiten sind Zitronencreme und Herrencreme obligatorisch, an langen Winterabenden werden gelegentlich Brat- oder Schmoräpfel in den Backofen geschoben.

Hochzeitscreme

1 l Milch
2 Päckch Puddingpulver Vanille
4 Eßl Zucker
1/4 l Sahne
100 gr gemahlene Haselnüsse
100 gr Zartbitterschokolade
2 Schnapsgläser Rum

1

Aus der Milch, dem Puddingpulver und dem Zucker einen Pudding kochen. Abkühlen lassen, am besten über Nacht stehen lassen.

2

Unmittelbar vor dem Verzehr die gemahlenen Nüsse, die kleingeschnittene Schokolade und den Rum in den Pudding rühren.

3

Die Sahne steif schlagen und zum Schluß unterziehen. Mit Schokoladenraspeln verzieren.

Zitronencreme

4 Blatt Gelantine
3 Eier
100 gr Zucker
3 Zitronen
100 ml Wasser
1/4 l Sahne

1
Die Gelantine in kaltes Wasser geben und einweichen.

2
Bei den Eiern Eigelb vom Eiweiß trennen, das Eigelb mit dem Zucker schaumig rühren, den Zitronensaft und das Wasser zugeben.

3
Die erwärmte Gelantine zugeben und umrühren.

4
Eiweiß zu Eischnee schlagen und unter die Creme heben, in eine Schüssel füllen.

5
Sahne schlagen und damit die Zitronencreme großzügig garnieren.

WEINCREME

5 Eier
250 gr Zucker
1/4 l Weißwein
1 Zitrone
1 Prise Salz
20 gr Gelantine

1
Eigelb und Zucker schaumig rühren, den Wein und den Saft der Zitrone zugeben.

2
Die Gelantine auflösen und zu der Masse geben. Salzen.

3
Die Creme abkühlen lassen. Eiweiß steif schlagen und unter die erkaltete Creme heben.

Welfencreme

2 Eiweiß
½ l Milch
30 gr Zucker
1 Vanilleschote
30 gr Speisestärke
2 Eigelb
Saft einer Zitrone
¼ l Weißwein
1 Eßl Speisestärke

1

Das Eiweiß zu Eischnee schlagen. Die Milch, den Zucker und die Vanilleschote zum Kochen bringen. Die Speisestärke mit 3 Eßlöffeln Milch anrühren und zu der kochenden Creme geben. Den Eischnee unter die Creme ziehen. Die Vanilleschote herausnehmen und die Creme in eine Glasschüssel geben und kalt stellen.

2

Eigelb, Zucker, Zitronensaft, Wein und Speisestärke kalt verrühren und zu einer dicklichen Soße rühren, die über die erkaltete weiße Creme gegeben wird.

Schmoräpfel

4 Äpfel
Schmalz
Zucker
Anis

1
Die nicht geschälten, ausgehöhlten Äpfel mit etwas Schmalz in einer Auslaufform anschmoren.

2
Etwas Wasser zugeben, dann Zucker und Anis darübergeben.

Man kann die Äpfel gut mit einer Masse von gemahlenen Mandeln und Rosinen füllen.

Bauernmädchen im Schleier

- ein Rezept vom Schloß Heessen in Hamm aus dem Jahre 1911 -

250 gr Pumpernickel
1/4 l Sahne
etwas Butter
etwas Zucker
etwas Vanillezucker
Johannisbeergelee

1

Den geriebenen Pumpernickel in einer Pfanne mit etwas Butter und Zucker kurz rösten. Abkühlen lassen.

2

Die Sahne mit etwas Zucker und Vanillezucker steif schlagen.

3

3/4 der geschlagenen Sahne mit der Pumpernickelmasse vermischen und in eine Glasschüssel geben.

4

Mit der übrigen Sahne und dem Johannisbeergelee den Nachtisch verzieren.

ROSINEN-APFELMUS

500 gr Äpfel
0,2 l Weißwein
50 gr Rosinen
Zucker
Vanillezucker
1/2 Zitrone

1
Die Äpfel schälen, Kerne entfernen und in Scheiben schneiden.

2
Weißwein in einen Topf geben, darin die Äpfel und die gewaschenen Rosinen aufkochen.

3
Mit Zucker und Vanillezucker und der abgeriebenen Schale einer halben Zitrone abschmecken.

Buttermilchgelee mit Sauerkirschen

5 Blatt rote Gelantine
220 gr Sauerkirschen aus dem Glas
500 ml Buttermilch
2 Eßl frisch gepreßter Zitronensaft
2 Eßl Zucker

1
Die Gelantine in kaltem Wasser etwa 4-5 Minuten einweichen. Die Sauerkirschen in einem Sieb abtropfen lassen.

2
Die Buttermilch mit dem Zitronensaft und dem Zucker verrühren.

3
Die Gelantine leicht ausdrücken und in einem Topf bei mittlerer Hitze auflösen. Die Buttermilch unter ständigem Rühren zugießen.

4
Von den Kirschen 12 Stück zum Garnieren zurück behalten. Den Rest auf 4 Dessertschalen verteilen und mit der Buttermilch übergießen.

5
Das Buttermilchgelee in etwa einer Stunde im Kühlschrank fest werden lassen. Vor dem Servieren jede Portion mit drei Kirschen garnieren.

Brot/Kuchen/Gebäck

Was für alle Gerichte gilt, eine gewisse westfälische Bescheidenheit und eine Bodenständigkeit („Man nimmt zunächst einmal das, was man selbst hat"), gilt auch für Kuchen und Gebäck.

Süße mächtige Sahnetorten sind weitgehend, ausgehend von der traditionellen Küche, unbekannt. Die früher besonders bei Namenstagen im Münsterland (Elisabeth, Anna, Hubert, Bernhard) gefürchteten Buttercremetorten sind fast ausgestorben.

Herausragend in Westfalen sind besonders die Apfelkuchen in zahllosen Varianten, die „Appeltate", auf einem großen Blech gebacken, ist nicht nur lecker, sondern auch etwas wie ein Markenzeichen.

Beim Kleingebäck können die Westfalen eigentlich nur mithalten, wenn es auf Weihnachten zugeht. Nach Allerheiligen werden die ersten Spekulatien gebacken, in Milchkannen luftdicht aufbewahrt und zu Nikolaus auf den Teller gepackt, vorausgesetzt, sie sind noch da.

Bauernstuten

1 kg Mehl
1 Päckchen Hefe
1/2 l Milch (lauwarm)
1 Eßl Salz
etwas Zucker
1 Ei
1 Eßl Schweineschmalz

1
Hefe in die lauwarme Milch einbröckeln und 10 Minuten stehen lassen.

2
Aus der Milch, dem Salz, dem Zucker, dem Ei, dem Schmalz und dem Mehl einen Hefeteig herstellen. Diesen kräftig kneten.

3
Den Teig in eine große eingefettete Kastenform füllen und gehen lassen.

4
Im Backofen bei 200 Grad ca. 60 Minuten backen.

Schmeckt am besten mit luftgetrocknetem westfälischem Schinken.

Buttermilchstuten

1 kg Mehl
1 Päckchen Hefe
$^1/_2$ l Buttermilch (lauwarm)
1 Eßl Salz
etwas Zucker
1 Ei
1 Eßl Schweineschmalz
Rosinen

1
Hefe in die lauwarme Milch einbröckeln und 10 Minuten stehen lassen.

2
Aus der Milch, dem Salz, dem Zucker, dem Ei, dem Schmalz und dem Mehl einen Hefeteig herstellen. Diesen kräftig unter Zugabe von Rosinen kneten.

3
Den Teig in eine große eingefettete Kastenform füllen und gehen lassen.

4
Im Backofen bei 200 Grad ca. 60 Minuten backen.

Haferflockenplätzchen

- eine salzige Beilage -

100 gr Haferflocken
1 Zwiebel
Salz
1/4 l Fleischbrühe
1 Ei
2 Eßl Mehl
Bratfett

1
Die Haferflocken mit der fein geschnittenen Zwiebel und dem Salz in 1/4 l Brühe langsam erwärmen, so daß sie schön ausquellen.

2
Das geschlagene Ei und das Mehl gut unterrühren.

3
Das Fett in der Pfanne erhitzen, von der Masse jeweils kleine Mengen abnehmen und kleine Kuchen - ähnlich wie Reibekuchen - von dem Teig backen.

4
Zu den Plätzchen paßt Apfelmus oder Rübenkraut.

WESTFÄLISCHER APFELKUCHEN

250 gr Butter
200 gr Zucker
5 Eier
1 Zitrone
250 gr Mehl
1 Päckch Backpulver
1 kg Äpfel
50 gr Rosinen
5 Teel Aprikosenmarmelade
5 Teel gehobelte Mandeln

1

Aus der Butter, dem Zucker, den Eiern, dem Zitronensaft, dem durchgesiebten Mehl und dem Backpulver einen Rührteig herstellen.

2

Die eine Hälfte des Teiges in eine gut gefettete Springform geben.

3

Die Äpfel schälen, entkernen und in Scheiben schneiden. Lagenweise mit den gewaschenen Rosinen auf dem Teig verteilen.

4

Die andere Hälfte des Teiges darübergeben und im Backofen bei 180 Grad ca. 1 Stunde backen.

5

Aprikosenmarmelade durch ein Sieb drücken, mit etwas Wasser aufkochen, den Kuchen damit bestreichen und mit gehobelten Mandeln verzieren.

Streuselkuchen

für den Teig:
500 gr Mehl
40 gr Hefe
80 gr Zucker
1 Prise Salz
1/4 l Milch
60 gr Butter
1 Ei

für die Streusel:
150 gr Mehl
100 gr Butter
100 gr Zucker
etwas Zimt

1
Mit dem Knethaken einen Teig herstellen, die Milch muß lauwarm sein und die Hefe gebröckelt werden. Warm stellen und gut gehenlassen.

2
Den Teig auf einem eingefetteten Backblech dünn ausrollen.

3
Für die Streusel das Mehl, die Butter, den Zucker und etwas Zimt miteinander vermischen.

4
Die Masse über den Teig bröckeln und bei 175 Grad ungefähr 40 Minuten im Ofen backen.

Man kann den Streuselkuchen auch mit Pflaumen oder Äpfeln oder Aprikosen belegen.

ROSINENKUCHEN

250 gr Butter
250 gr Zucker
1 Päckchen Vanillezucker
3 Eier
500 gr Mehl
1 Päckchen Backpulver
1/4 l Milch
250 gr Rosinen
1 Schnapsglas Rum

1

Die Butter schaumig rühren, Zucker, Vanillezucker und die Eier zugeben, den Teig schaumig rühren. Das gesiebte Mehl und die Milch unterrühren. Das Backpulver zufügen.

2

Die gut gewaschenen Rosinen unterrühren. Ein Gläschen Rum zugeben.

3

Bei 175 Grad ca. 1 Stunde backen.

4

Nach dem Erkalten mit Puderzucker bestreuen.

NUSSKUCHEN

250 gr Butter
4 Eier
125 gr Zucker
1 Schnapsglas Rum
1/2 Päckchen Backpulver
250 gr Mehl
250 gr gemahlene Haselnüsse
100 gr geriebene Blockschokolade
etwas Milch

1

Das Fett schaumig rühren, Zucker, Eier und Rum hinzufügen; Mehl mit Backpulver vermischen und durchsieben, hinzugeben. Nüsse und Schokolade unterrühren. Etwas Milch zugeben.

2

Den Teig in eine gefettete Springform füllen. Im vorgeheizten Ofen bei 175 Grad 60 Minuten backen.

Förstertorte „Hohe Mark"

4 Eier
150 gr Butter
125 gr Zucker
2 Teel Kakao
250 gr Haselnüsse
2 Teel Backpulver
1 Glas Preiselbeeren
500 ml Sahne
100 gr Schokoladenraspel

1

Eine Springform (26 cm) fetten. Den Backofen auf 190 Grad vorheizen.

2

Die Eier mit der Butter und dem Zucker schaumig rühren. Den Kakao einrühren. Die Nüsse mit dem Backpulver mischen und unterrühren.

3

Den Teig in die vorbereitete Springform füllen und glattstreichen. Auf unterster Schiene ungefähr 30 Minuten backen.

4

Die Preiselbeeren auf dem warmen Kuchen verteilen und eine Nacht kalt stellen. Die Sahne steif schlagen und den Kuchen rundherum bestreichen. Zum Schluß mit Schokoladenraspel bestreuen.

PUMPERNICKEL-APFELTORTE

„einfache Apfeltorte"

ein Rezept von Henriette Davidis

2 Eßl geriebener Zwieback
100 gr Butter
1 Päckch Pumpernickel
6 Äpfel
150 gr Zucker
1/4 l saure Sahne
4 Eier
50 gr geriebene Mandeln

„Man bestreicht eine Springform mit Butter, bestreut sie mit Zwieback und füllt sie schichtweise mit geriebenem Schwarzbrot und Apfelschnitten. Jede Schicht wird reichlich mit Butterstückchen belegt und mit Zucker bestreut, auch hin und wieder mit Obstgeleestückchen versehen. Dann bäckt man die Torte, deren obere Schicht aus Brot bestehen muß, eine gute Stunde. Eine halbe Stunde vor dem Garsein bereitet man aus 1/4 l saurer Sahne, 4 Eidottern, 100 gr Zucker und 50 gr geriebenen Mandeln einen Guß, den man über die Torte gießt, um sie alsdann völlig gar zu backen."

(39. Aufl. 1901, S.544)

KALTE SCHNAUZE

250 gr Kokosfett
125 gr Puderzucker
1 Päckch Vanillezucker
50 gr Kakao
1/2 Fläschchen Rum-Aroma
2 Eier
250 gr Butterkekse

1
Das Kokosfett zerlassen.

2
Den gesiebten Puderzucker mit dem Vanillezucker, dem gesiebten Kakao und dem Rumaroma in eine Schüssel geben und mit den Eiern und dem lauwarmen Kokosfett verrühren.

3
In eine mit Pergamentpapier ausgelegte Kastenform die Kekse und die Kakaomasse lagenweise füllen. Die unterste Schicht muß aus Kakaomasse, die oberste Schicht aus Keksen bestehen.

4
Den Kuchen kalt stellen, in Scheiben geschnitten servieren.

Spritzgebäck

„Spritzgebackenes auf einer Platte"

ein Rezept von Henriette Davidis

270 gr feines Mehl
270 gr Butter
230 gr Zucker
5 Eidotter
Saft und halbe Schale einer Zitrone
4 gr Zimt

„Die Butter wird zu Sahne gerieben, mit dem durchgesiebten Zucker, Gewürz und den Eidottern stark gerührt, dann das Mehl durchgemischt, die Masse teilweise in eine Spritze gefüllt und in der Form eines S auf eine Platte gebracht, wobei man mit der Spritze während des Drucks die dazu erforderliche Wendung hat. Zum Backen gehört bei starker Hitze etwa 1/4 Stunde, das Gebackene muß dunkelgelb, nicht braun sein."

(39. Aufl. 1901, S. 584f)

Berliner Brot

4 Eier
500 gr Zucker
500 gr gehackte Mandeln
500 gr Mehl
50 gr Bitterschokolade
5 gr Nelkenpfeffer
5 gr Zimt
1 Msp Hirschhornsalz

1

Aus den Eiern, dem Zucker, den Mandeln, dem Mehl und der geriebenen Schokolade einen Teig anfertigen, der mit Nelkenpfeffer, Zimt und Hirschhornsalz gewürzt wird.

2

Den festen Teig auf einem eingefetteten Backblech etwa 1 cm dick ausrollen, dann im Ofen backen.

3

Noch warm in Stangen schneiden, dann in rautenförmige Stücke.

Traditionelles Adventsgebäck im bäuerlichen Münsterland.

PUMPERNICKEL

Eine der herausragenden Spezialitäten der Region Westfalen ist sein schwarzes Brot, der Pumpernickel.

Der wichtigste Bestandteil des Pumpernickel ist der Roggen. Dadurch, daß das Schwarzbrotmehl geschrotet wird, bleiben die Körner mit der Schale und dem Keimling und damit dem wichtigen Eiweiß, den Mineralien, Vitaminen und Ölen erhalten. Alle Wirkstoffe des Getreides sind somit im Pumpernickel enthalten.

Eine Besonderheit des Pumpernickels ist die typische schwarzbraune Dunkelfärbung des Brotes. Diese resultiert daraus, daß der Teig sehr lange im eigenen Dunst gegart wird, aber auch aus der relativ niedrigen Backtemperatur, die bei 140-200 Grad Celsius liegt. Darüber hinaus entsteht beim Backvorgang eine Karamelisierung, die dem Schwarzbrot seinen charakteristischen, leicht süßlichen Geschmack verleiht.

Für die Herstellung des Pumpernickels ist Roggenschrot notwendig, der mit Sauerteig gelockert wird. Um eine höhere Süße zu erzielen, wird Malz oder Melasse zugesetzt. Gebacken wird bis zu 24 Stunden bei niedrigen Temperaturen. Dabei sinkt die Temperatur im Verlaufe des Backvorgangs langsam von 150 auf 110 Grad Celsius ab. Der Backofen ist dabei fest verschlossen, so daß der Wasserdampf im Ofen verbleibt. Aufgrund der niedrigen Temperaturen erfolgt beim Pumpernickel keine Krustenbildung; es entstehen die dunkle Farbe und der herzhaft süße Geschmack. Durch Hinzufügen von Rübenkraut kann Farbe und Geschmack noch intensiviert werden.

Wenn man heute den Pumpernickel als westfälische Spezialität anpreist, so darf man dabei nicht vergessen, daß die räumliche Verbreitung des Pumpernickels weit nach Norden ins Niedersächsische hineinreicht.

Wenn auch früher der Pumpernickel, wahrscheinlich wegen der schlechten Qualität, sehr umstritten war, so ist man sich heute, nicht nur in Westfalen, über den guten Geschmack und die zahlreichen und vielfältigen Nutzungsmöglichkeiten in der Küche im klaren. Der Pumpernickel gelangt heute nicht mehr in kiloschweren Laiben in die Regale der Lebensmittelgeschäfte, sondern ist bereits in Scheiben geschnitten und verpackt auch außerhalb Westfalens erhältlich. Darüber hinaus gibt es den Pumpernickel auch in Dosen verpackt, die speziell für den Export gedacht sind. Der Pumpernickel erweist sich in der Küche und auf dem Speiseplan als vielseitig einzusetzendes Roggenbrot, das zahlreiche Gerichte von der

Vorspeise bis zum Nachtisch, von der Suppe bis zum Backwerk, vom Frühstück bis zum Abendessen, vom alltäglichen Essen bis zum Festmenü geschmacklich bereichert, abzurunden und gesundheitlich zu steigern vermag.

Mit dem Pumpernickel wird den Speisen nicht nur ein interessanter Geschmack verliehen, sondern das Schwarzbrot liegt wegen seines Vollkorncharakters auch im Trend.

Pumpernickel
(selbstgemacht)

1 kg Roggenschrot
400 gr Sauerteig
etwas Salz
$^{1}/_{2}$l Wasser
100 gr Rübenkraut
Mehl zum Bestäuben

1
Aus dem Roggen und dem Sauerteig unter Zugabe des Salzes, Wassers und des Rübenkrautes einen Teig erstellen.

2
Mit Mehl den festen Teig bestäuben und zugedeckt etwa 3 Stunden gehen lassen. Nochmals kneten, in eine längliche Form bringen, wieder eine Viertelstunde gehen lassen.

3
Den Teig in eine gefettete und mit Mehl bestäubte Form geben, mit Alufolie verschließen und etwa 10 Stunden bei 125 Grad backen. Dann in eine Alufolie wickeln und ruhen lassen, bis das Brot abgekühlt ist.

BUTTERMILCHSUPPE MIT SCHWARZBROT

125 gr Schwarzbrot
1 l Buttermilch
Zucker
Salz
Zimt
50 gr Korinthen

1
Das Schwarzbrot zerkrümeln, in etwas Wasser geben, kurz einweichen lassen, erhitzen und durch ein Sieb drücken.

2
Buttermilch in einen Topf geben, die Schwarzbrotmasse hinzugeben und unter Rühren erhitzen.

3
Zum Schluß mit Zucker, Salz und Zimt würzen. Die gewaschenen Korinthen zugeben. Heiß servieren.

Schweinerückenbraten

mit Pumpernickel-Rosinen-Sauce

1 kg Schweinerückenbraten
Salz
Pfeffer
etwas Senf
Schweineschmalz
2 Zwiebeln
2 Möhren
Rosinen
Mandeln (gehobelt)
$^1/_8$ l Sahne
1 Glas Altbier
1 Scheibe Pumpernickel

1

Das trocken getupfte Fleisch mit Salz und Pfeffer würzen, mit etwas Senf rundherum dünn einstreichen und im Topf, in dem Schweineschmalz ausgelassen wurde, von allen Seiten anbraten.

2

Die in Würfel geschnittenen Zwiebeln und Möhren hinzugeben, dünsten und mit etwas Wasser und süßer Sahne auffüllen. Die Rosinen und Mandeln in den Fond geben.

3

Den Braten gut 2 Stunden im Backofen garen, gelegentlich mit Altbier begießen.

4

Den Braten herausnehmen. In den Fond etwas geriebenen Pumpernickel geben, abschmecken, gegebenenfalls nachwürzen und durch ein Sieb drücken.

PUMPERNICKELQUARK

750 gr Sahnequark
3 Eßl Zucker
1/2 l Milch
125 gr Pumpernickel
1 Schnapsglas Rum oder Weinbrand
100 gr Bitterschokolade
125 gr Preiselbeeren

1

Den Sahnequark in einer Rührschüssel mit dem Zucker und der Milch zu einer Creme verarbeiten.

2

Den Pumpernickel zerbröseln, mit etwas Zucker, dem Rum und der fein geriebenen Schokolade vermischen.

3

Lagenweise in einer Schüssel Pumpernickelmasse, Quark und Preiselbeeren schichten und kalt stellen.

Pumpernickelkuchen

200 gr Butter
750 gr Pumpernickel
50 gr Zucker
100 gr Zartbitterschokolade
750 gr Apfelmus
$^{1}/_{4}$ l Sahne

1

Die Butter in einem Topf auslassen, den geriebenen Pumpernickel hinzufügen und mit dem Zucker verrühren. Die geriebene Schokolade unterrühren und alles zu einer Masse verarbeiten.

2

Die Masse schichtweise mit Apfelmus in eine gefettete Springform geben. Die obere und untere Schicht muß die Pumpernickelmasse sein.

3

Auf den Teig von der restlichen Butter Butterflöckchen setzen, und den Kuchen bei 200 Grad etwa eine halbe Stunde backen.

4

Nach dem Abkühlen des Kuchens mit der geschlagenen Sahne krönen.

EINKOCHEN/EINMACHEN/ EINLEGEN/SCHLACHTEN

Gerade deshalb, weil Westfalen auch immer eine Landschaft war, in der die Eigenversorgung der Bewohner einen hohen Stellenwert einnahm, spielen Aspekte wie Einkochen, Einmachen und Einlegen eine wichtige Rolle.

Das Haltbarmachen von Lebensmitteln nach überlieferten traditionellen Verfahren ist auch heute noch ein wichtiger Bestandteil in der westfälischen Küche. Das gilt für die Herstellung von Mett- und Schinkenwurst ebenso wie für das Einkochen von Obst, das Einlegen von Gurken oder die Herstellung von Marmeladen und Gelees.

Westfälische Eisbeinsülze

1 kg Eisbein
1 kg Rindfleisch
1 Flasche Weißweinessig
Salz
Nelken
Lorbeerblätter
Wacholderbeeren
Zwiebeln
Pfeffer
Zitronensaft

1
Das gesäuberte Fleisch in einen Suppentopf geben, mit Wasser und Essig auffüllen, zum Kochen bringen und abschäumen.

2
Salz, Nelken, Lorbeerblätter, Wacholderbeeren, Zwiebeln hinzugeben und gut 2 Stunden köcheln lassen.

3
Die Brühe durch ein Haarsieb geben, abkühlen und bis zum anderen Tag kalt stellen. Das Fleisch herausnehmen, Fett und Fleisch in kleine Würfel schneiden.

4
Das Fett wird von der Brühe getrennt und mit dem Fleisch in einen Topf gegeben und aufgekocht. Mit Salz, Pfeffer und Zitronensaft abschmecken.

5
Danach alles in Steingutbehälter oder Einmachgläser füllen und abkühlen lassen bis zur Schnittfestigkeit.

Dazu paßt hervorragend Senf, auch Bratkartoffeln.

Apfelschmalz

- ein leckerer Brotaufstrich -

250 gr Flomenschmalz
1 Apfel
Salz
Zucker

1
Das Flomenschmalz in einem Topf auslassen.

2
Den Apfel schälen, entkernen und in kleine Würfel schneiden.

3
Die Apfelstückchen mit etwas Salz und Zucker zu dem Schmalz geben und so lange köcheln lassen, bis die Apfelstücke gar sind.

4
Den Apfelschmalz in Gläser oder Steinguttöpfe füllen.

Westfälische Schinkenwurst

500 gr Rindfleisch (fein gemahlen)
750 gr Schweinefleisch (grob)
250 gr Speckwürfel (gebrüht)
30 gr Rötesalz
75 gr Kartoffelmehl
1/4 l Wasser
Senfkörner
1 Msp Muskat
weißer Pfeffer

1
Das Wasser mit dem Kartoffelmehl anrühren, Rind- und Schweinefleisch zugeben.

2
Die Gewürze unterrühren und den Speck zugeben.

3
Die Masse in Gläser füllen und eine Stunde bei 90 Grad ziehen lassen.

WURSTEBROT
(MÖPPKENBROT)

1000 gr Roggenmehl
3 l Blut
400 gr Speckwürfel
Salz
Pfeffer

1
Aus dem Roggenmehl, dem Blut und den Speckwürfeln eine Masse kneten.

2
Diese mit Salz und Pfeffer abschmecken.

3
In Wurstdärme füllen und 50 Minuten schwach kochen lassen.
Auskühlen lassen.

4
wird in Scheiben geschnitten und in der Pfanne mit Schmalz und Apfelstückchen gebraten

Gewürzgurken

2,5 kg Gewürzgurken
2 Bund Dill
1 l Weinessig
1/2 l Wasser
250 gr Zucker
2 Eßl Salz
2 gewürfelte Zwiebeln
50 gr Meerrettich
2 Eßl Senf
2 Eßl Pfeffer

1
Die Gewürzgurken waschen, gegebenenfalls in kleine Stückchen schneiden. In Gläser füllen und mit Dill bestreuen.

2
Die übrigen Zutaten in einen Topf geben, 5 Minuten kochen lassen und über die Gurken gießen.

3
Die Gläser mit Einmachcellophan verschließen und 14 Tage kalt stellen.

Erdbeer-Rhabarber-Marmelade

750 gr Erdbeeren
750 gr Rhabarber
$1^1/_2$ kg Zucker
1 Packung Gelier-Hilfe

1
Die Erdbeeren entstielen, waschen und in einen Topf geben.

2
Den Rhabarber waschen, in kleine Würfel schneiden und den Erdbeeren zugeben.

3
Mit dem Zucker und der Gelierhilfe nach Packungsanweisung zum Kochen bringen.

4
In Gläser füllen, verschließen und kalt stellen.

*

Man kann auch gut einige Bananen mitkochen, um eine andere Geschmacks-nuance zu erhalten.

Sauerkirsch-Marmelade

1 kg Sauerkirschen
1 kg Gelierzucker
2 Schnapsgläser Kirschwasser

1

Die Kirschen entsteinen, waschen und pürieren. Den Gelierzucker zugeben und nach Anleitung kochen.

2

Das Kirschwasser zugeben, umrühren und in verschließbare Gläser füllen. Abkühlen lassen.

GETRÄNKE

Westfalen ist, man glaubt es kaum, eine ausgeprägte Bierlandschaft.

Vor allem Dortmund als, wenn man so will, „europäische Biermetropole" trägt entscheidend dazu bei. Aber auch das Sauerland und der Raum Ostwestfalen sind für ihre hochwertigen Biere weit über die Landesgrenzen hinaus bekannt. Münster steht für die Altbierbowle, ein Getränk aus frischen gezuckerten Früchten, die im Glas mit Altbier aufgefüllt werden.

Daneben ist Westfalen natürlich für die hochprozentigen Getränke bekannt. Aus den Ackerbauregionen der Börden und des Münsterlandes kommen Korn, Doppelkorn und Wacholder, aus Steinhagen am Rande des Teutoburger Waldes der Steinhäger.

Münsterländischer Aufgesetzter

$1^1/_2$ kg schwarze Johannisbeeren
1 l Wasser
1 Vanillestange
750 gr Kandiszucker
$1^1/_2$ Münsterländer Weizenkorn

1
Die scharzen Johannisbeeren waschen und entstielen.

2
Mit dem Wasser und der Vanillestange dieBeeren kurz aufkochen, dann zugedeckt eine halbe Stunde ziehen lassen.

3
Die Masse durchsieben. Den Saft erneut mit dem Kandiszucker aufkochen. Dann abkühlen lassen und den Weizenkorn zugeben.

ALTBIERBOWLE

Früchte (Erdbeeren, Pfirsiche)
Zucker
Wasser
Altbier

1

Die Früchte reinigen, in kleine Stückchen schneiden und in einer Lösung aus Zucker und Wasser ziehen lassen.

2

Zwei Eßlöffel von den Früchten in ein Trinkglas geben, mit Altbier auffüllen.

Johannisbeerlikör

2 kg Johannisbeeren
2 l Wasser
1 kg Zucker
2 Stangen Zimt
4 Nelken
2 Flaschen Münsterländer Korn (1,5 l)

1
Die gewaschenen und entstielten Johannisbeeren in einem Topf mit 2 Liter Wasser zum Kochen bringen.

2
Die Masse durchseien. Dann den Saft mit 1 kg Zucker kurz aufkochen, Zimt und Nelken hinzufügen und erkalten lassen.

3
Zimt und Nelken herausnehmen, den Münsterländer Korn unterrühren und in Flaschen füllen.

Kalte Ente

1 Flasche Sekt
1 Flasche Weißwein (Mosel)
1 Flasche Weißwein (Rhein)
1 Glas Weinbrand
1 Zitronenscheibe
Zucker nach Geschmack

1
Die Zitronenscheibe in ein Bowlegefäß geben. Darüber den Wein gießen, etwas gelösten Zucker hinzufügen und den Weinbrand einrühren.

2
Alles kühl stellen und gut ziehen lassen.

3
Kurz vor dem Servieren den Sekt vorsichtig zugeben und servieren.

Weinpunsch

4 Eier
150 gr Zucker
1 Zitrone
1 Msp Zimt
1 Flasche trockenen Weißwein

1
Die Eier mit dem Zucker schaumig rühren, den Saft und die abgeriebene Schale der Zitrone hinzugeben.

2
Den Wein hinzufügen und unter ständigem Rühren langsam erhitzen (nicht kochen).

3
Mit Zimt abschmecken.

DORTMUNDER
UNION-BIER
STUHLMACHER

JANUAR

Der Januar beginnt mit einem großen Feiertag, dem Neujahrsfest. Dieses stellt in Westfalen ein wichtiges Datum im Hinblick auf das Kuchenbacken dar. Der Begriff „Neujahrskuchenbacken" ist zu einem wichtigen Bestandteil dieser kalten und insgesamt auch etwas ruhigeren Tage geworden.

„Das Neujahrsgebäck im Westen Westfalens war um die Jahrhundertwende der Eiserkuchen, der Piepkooken oder das Rölleken. Es handelt sich dabei um ein mit einer langen Eisenzange im offenen Herdfeuer gebackenes und mit Ornamenten oder symbolischen Darstellungen versehenes Fladengebäck. Vor dem Erkalten wird es gerollt. Die Zutaten waren Mehl, Anis, Zimt, Eier, Zucker, Fett, gelegentlich auch Honig statt Zucker. Das ergab einen festen Teig, der portionsweise zu kleinen Kugeln gerollt wurde. Diese Kuchen wurden in der Zeit um Neujahr ‚wäschekörbeweise' in den Häusern gebacken. In einigen Gegenden Westfalens (vor allem im Kreise Steinfurt) war das Backen dieses Festgebäckes Männersache.
Die Kuchen wurden jedem Besucher, der sich in der Neujahrszeit einstellte, vorgesetzt. Aber auch die Angehörigen der Familie ernährten sich in dieser Zeit fast nur von diesem Gebäck. Auch in den Gastwirtschaften, den Ausspannhöfen, den Geschäften und bei den Handwerkern wurde es als Zugabe verteilt. Es wird wiederholt berichtet, daß in einigen der Kuchen, wenn sie von Frauen und Mädchen hergestellt wurden, ein Leinenläppchen eingebacken war. Diese so präparierten Gebäckstücke wurden den Personen angeboten, die man hänseln oder denen man eine Absage erteilen wollte.
Im kurkölnischen Sauerland gab es zu Neujahr Honigkuchen, im Märkischen Kreis ein Hefegebäck (Rädchen) und im Paderborner Land die sogenannten Neujahrskrengel."
(D. Sauermann, Vom alten Brauch in Stadt und Land, S. 14)

Der Januar ist der Monat, in dem Wintergemüse Saison haben. Dieses gilt für viele Kohlsorten, aus denen besonders der Grünkohl als Spezialität in vielen unterschiedlichen Zubereitungs- und geschmacklichen Variationen herausragt.

Die Westfalen sind eigentlich Salatmuffel, außer Kopfsalat und Endiviensalat ist in der traditionellen Küche nichts bekannt. Der Endiviensalat ist im Januar eine wichtige Beilage. Januar - das heißt aber auch Jagdsaison; auf den Treibjagden im Münsterland werden besonders Hasen und Fasanen erlegt, in den Wäldern des Sauerlandes Rehe und Wildschweine. Die langen Abende im Januar sind in vielen Familien Anlaß genug, duftende Schmoräpfel im Backofen zuzubereiten. Aber auch als Beilage zu Bratwurst oder Leber- und Wurstbrot sind die Schmoräpfel beliebt.

Der Januar ist aber auch der Monat, in dem in vielen Familien die zweite Hausschlachtung des Winters durchgefürt wurde. Noch rechtzeitig vor Beginn der Fastenzeit gab es frische Würste, Braten, Schmalz und viele Köstlichkeiten mehr....

Porreesuppe

4 Stangen Porree
50 gr Butter
1 Zwiebel
Fleischbrühe
5 Kartoffeln
Salz
Pfeffer
Sauerrahm

1
Den Porree in dünne Ringe schneiden und gut säubern.

2
In emem Topf Butter erhitzen, darin mit einer kleingeschnittenen Zwiebel den Porree andünsten.

3
Mit Fleischbrühe auffüllen und zum Kochen bringen.

4
Die Kartoffeln schälen, würfeln, zur Suppe geben. 20 Minuten kochen lassen.

5
Die Suppe passieren, mit Salz und Pfeffer würzen und mit Sauerrahm binden.

Schwarzwurzeln mit Knochenschinken

1 kg Schwarzwurzeln
1/2 Eßl Salz
50 gr Butter
50 gr Mehl
etwas süße Sahne
250 gr lufttrockener Knochenschinken (in Scheiben)
Pfeffer
Zitronensaft

1

Die Schwarzwurzeln waschen, schälen und in etwa 10 cm lange Stücke schneiden. In gesalzenem Wasser etwa 25 Minuten kochen lassen.

2

Aus der Butter, dem Mehl und dem Schwarzwurzelwasser eine Schwitze anfertigen. Mit etwas Sahne verfeinern, mit Pfeffer abschmecken und etwas Zitronensaft zugeben.

3

Die Schwarzwurzeln und den Schinken auf einem Teller anrichten und anschließend die Sauce dazugeben.

Beilage: Petersilienkartoffeln

„Wuorttelpott"

500 gr Suppenfleisch
1 kg Wurzeln
1 kg Kartoffeln
1 Stange Porree
1 Zwiebel
Salz
Pfeffer

1

Das Suppenfleisch in einen Topf mit kochendem Wasser geben, salzen und gut eine Stunde kochen lassen.

2

Die Wurzeln putzen, waschen und in Stücke schneiden. Die Kartoffeln schälen und ebenfalls in Stücke schneiden. Den Porree waschen, in kleine Stücke schneiden, die Zwiebeln schälen und würfeln. Alles zu der Brühe geben und gut 1/2 Stunde mitkochen.

3

Das Suppenfleisch herausnehmen, in kleine Stücke schneiden. Das Gemüse leicht stampfen, um eine cremige Masse zu erhalten. Mit Salz und Pfeffer abschmecken. Die Fleischstückchen unterrühren.

Hasenrückenbraten mit Äpfeln

50 gr fetter Speck
50 gr durchwachsener Speck
2 Hasenrückenbraten
Salz
Pfeffer
1 EM scharfer Senf
2 Zwiebeln
1/2 l Apfelsaft
500 gr Äpfel

1
Den Speck würfeln und in einem Brattopf erhitzen.

2
Die küchenfertigen Hasenrücken mit Salz und Pfeffer einreiben und im Topf von allen Seiten gut anbraten und mit etwas Senf bestreichen.

3
Die Zwiebeln schälen, würfeln und zu dem Braten geben. Bräunen lassen. Mit Apfelsaft ablöschen und etwa eine halbe Stunde schmoren lassen.

4
Die Äpfel schälen, entkernen, in Streifen schneiden, zu dem Fleisch geben und 15 Minuten mitschmoren lassen.

5
Aus dem Fond mit Sahne eine Soße bereiten. Die geschmorten Äpfel als Beilage reichen.

Wirsingrouladen

1 Wirsingkopf (etwa $1^1/_2$ kg)
400 gr Gehacktes (halb und halb)
1 Ei
Salz
Pfeffer
1 Zwiebel
2 Brötchen
Bratfett

1

In einem Topf gesalzenes Wasser zum Kochen bringen. Vom gewaschenen und geputzten Wirsing die Blätter lösen, den Strunk abschneiden und die Blätter kurz aufkochen lassen.

2

Aus dem Gehackten, dem Ei, Salz, Pfeffer, einer geschälten und gewürfelten Zwiebel und den zwei zuvor eingeweichten Brötchen eine Masse kneten.

3

Für je eine Roulade zwei Wirsingblätter verwenden, die Hackfleischmasse zu einem Viertel daraufgeben, zusammenrollen und mit einem Faden kräftig verschnüren.

4

In einem Topf mit Bratfett die Wirsingrouladen kräftig von allen Seiten anbraten, mit etwas Brühe auffüllen und zusammen mit dem übrigen kleingeschnittenen Wirsing etwa eine halbe Stunde schmoren lassen.

5

Die Wirsingrouladen und den Wirsing herausnehmen. Aus dem Fond mit Sauerrahm eine Soße machen.

*

Beilage: Salzkartoffeln

Gefüllte Reibeplätzchen

500 gr gekochte Kartoffeln
100 gr Mehl
etwas Salz
1 Ei
Bratfett (Öl oder Schmalz)
4 Bratwürstchen

1
Aus den Kartoffeln, dem Mehl, dem Salz und dem Ei einen Teig herstellen.

2
In einer Pfanne Bratfett erhitzen, einen Eßlöffel voll Teig hineingeben.

3
Darauf einen Eßlöffel Bratwurstfüllung geben, Teig darüber geben und wenden, wenn die Reibeplätzchen goldbraun werden. Von beiden Seiten gar braten.

Westfälischer Winterobstsalat

2 Orangen
2 Äpfel
2 Birnen
2 Eßl Zucker
1/2 Zitrone
40 gr grob gehackte Haselnüsse
40 gr Rosinen
1 Scheibe Pumpernickel
1 Gläschen Rum
1 Becher Sahne

1

Die Orangen schälen und das Fruchtfleisch würfeln. Äpfel und Birnen schälen, entkernen und ebenfalls würfeln.

2

Das Obst in eine Glasschale geben, 2 Eßlöffel Zucker, den Saft einer halben Zitrone, 40 gr grob gehackte Haselnüsse hinzugeben.

3

Pumpernickel zerbröseln, Rosinen waschen und hinzugeben, 1 Gläschen Rum zugeben und alles gut verrühren. Kurz ziehen lassen.

4

Pumpernickel-Rosinenmischung zu dem Obstsalat geben, verrühren, ziehen lassen und mit geschlagener Sahne krönen.

FEBRUAR

Der Februar ist auch in Westfalen der Karnevalsmonat. Dennoch gibt es Landschaften, die vom Karneval nicht berührt zu sein scheinen. Während das Sauerland eher ein Rückzugsraum für Karnevalsflüchtlinge darstellt, gilt Münster als westfälische Karnevalshochburg. Ein Vergleich zum rheinischen Karneval verbietet sich, denn die etwas scheueren, zurückhaltenden Westfalen tun sich doch etwas schwer mit der verordneten Karnevalsstimmung. So ist auch der Slogan „Westfalen außer Rand und Band" eher als unerreichbare Zielvorstellung zu sehen.

Weit verbreitet war in Westfalen zu Karneval die Herstellung von Heideweggen. Dabei handelt es sich um ein größeres Korinthenbrötchen mit einem hohen Weizenmehlanteil. Diese Brötchen wurden entweder mit Zucker bestreut, oder wie es im Paderborner Land üblich war, mit einer Masse aus Zucker und Ei eingepinselt.

Im südlichen Teil Westfalens jedoch wurde zu Karneval ein Schmalzgebäck hergestellt („Kreppel"), das dem Berliner Pfannkuchen ähnelt.

In Lüdenscheid waren die Wurstbrötchen zu Karneval beliebt, im Tecklenburger Land und im Raum Recklinghausen wurden Pfannkuchen, aus Kartoffeln oder Buchweizen, hergestellt.

Im Bereich der Speisen ist das sogenannte „Aschermittwochsessen" erwähnenswert, das auch heute noch in und um Münster gepflegt wird. Um den Karneval zu vergessen, gibt es graue Erbsen mit Hering, eine doch recht eigenwillige Zusammenstellung.

Mit dem Aschermittwoch beginnt in Westfalen die Fastenzeit, in der auch heute noch üppige und deftige Fleischgerichte in den Hintergrund gerückt werden. Der Fisch, der in Westfalen eigentlich nie eine bedeutende Rolle spielte, kommt zu Ehren. Vor allem Heringsgerichte sind beliebt: eingelegte Heringe, Bratheringe, eingelegte Bratheringe, Heringe in Sahne mit Äpfelstückchen.

Wenn es einmal ganz preiswert sein sollte, gab es „Blinden Fisch", eine Eierspeise mit Brot oder Zwiebäcken.

Westfälische Linsensuppe
Süss-Sauer

500 gr Linsen (getrocknete)
4 große Kartoffeln
1 Stange Porree
1 Zwiebel
4 Mettendchen
250 gr Trockenpflaumen
125 gr Schinkenspeck
Salz
Pfeffer
Essig
Petersilie

1
Die Linsen über Nacht in Wasser einweichen lassen.

2
Die Linsen in einem Topf mit Wasser zum Kochen bringen. Eine Stunde kochen lassen.

3
Zu der Suppe die gewürfelten Kartoffeln, den Porree, die gewürfelte Zwiebel und die Mettendchen sowie die entsteinten Backpflaumen geben.

4
Den Schinkenspeck würfeln, in einem Topf auslassen, dann zu der Suppe geben.

5
Die Suppe mit Salz, Pfeffer und Essig abschmecken und mit Petersilie verfeinern.

Westfälische Grünkohlpfanne

750 gr Grünkohl
200 gr Zwiebeln
50 gr Schweineschmalz
2 Würfel Fleischbrühe
400 gr Kartoffeln
200 gr Möhren
Pfeffer
Butter
4 Eier

1

Den Grünkohl von den Stielen zupfen und waschen, dann mit etwas Wasser in einen Topf geben und aufkochen lassen, bis der Grünkohl zusammenfällt. Das Wasser abgießen und den Grünkohl abtropfen lassen.

2

Die Zwiebeln schälen und im zerlassenen Schmalz anbraten. Den Grünkohl zugeben und etwa 5 Minuten mitdünsten. Die Brühwürfel darüberkrümeln. Gut $^{1}/_{4}$ l Wasser zugießen und den Grünkohl darin zugedeckt etwa 30 Minuten dünsten.

3

Die Kartoffeln schälen, waschen und in Scheiben schneiden. Mit den klein geschnittenen Möhren zum Grünkohl geben und alles zusammen 20-30 Minuten garen lassen. Mit Pfeffer abschmecken.

4

Die Butter in eine Pfanne geben und darin Spiegeleier braten. Zum Schluß die Eier auf dem Grünkohl anrichten.

Rosenkohl-Eintopf

50 gr Butter
1 1/2 kg Rosenkohl
500 gr Kartoffeln
400 gr geräucherte Mettendchen
1 1/2 l Fleischbrühe
2 Zwiebeln
etwas Mehl
1/8 l saure Sahne
1 Teel Zucker
1 Teel Salz
Petersilie

1

Die Butter in einem Topf auslassen, die gehackten Zwiebeln glasig dünsten.

2

Den Rosenkohl waschen und säubern, in den Topf geben und mitdünsten.

3

Die geschälten und gewürfelten Kartoffeln, die in Scheiben geschnittenen Mettendchen zugeben, mit Fleischbrühe auffüllen und etwa 30 Minuten köcheln.

4

Mit etwas Mehl und der sauren Sahne etwas binden, den Eintopf mit Salz und Zucker abschmecken und abschließend mit Petersilie garnieren.

STIELMUS
LÄNDLICHE VARIANTE

1 kg Stielmus
1/4 l Milch
1 Eßl Butter
Salz
Muskatnuß
750 gr Kartoffeln

1
Stielmus von den Blättern lösen, die Stiele in kurze Stücke schneiden.

2
Die Milch erhitzen, Butter zugeben und mit Salz und Muskatnuß würzen.

3
Die Kartoffeln schälen und würfeln.

4
Eine Auflaufform einfetten, die Kartoffeln und das Stielmus schichtweise hineingeben, die Milch darübergeben und etwa eine Stunde im Backofen garen.

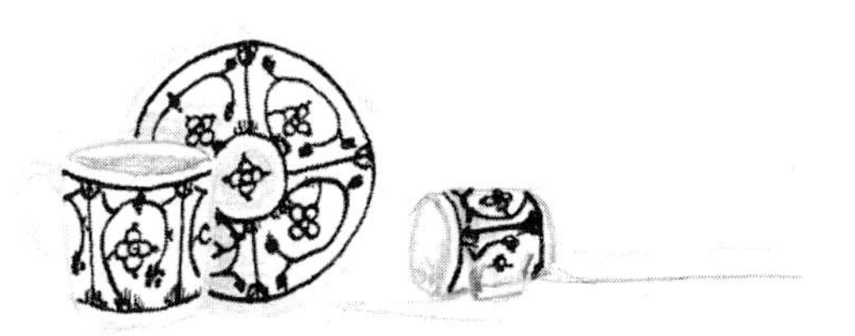

Graue Erbsen

ländliche Variante

500 gr Erbsen (getrocknete)
1 l Fleischbrühe
100 gr Speck
5 große Zwiebeln
2 Eßl Mehl
Salz
Pfeffer
Essig

1
Die grauen Erbsen einweichen und über Nacht stehen lassen.

2
Mit dem Einweichwasser die Erbsen etwa 1½-2 Stunden kochen, Fleischbrühe zugeben.

3
Speck in kleine Würfel schneiden, in einem Topf auslassen, in Ringe geschnittenen Zwiebeln dazugeben, glasig dünsten. Mit etwas Wasser auffüllen und köcheln. Mehl mit Wasser anrühren, dazugeben, mit Salz, Pfeffer und Essig abschmecken.

WAFFELN

6 Eier
250 gr Sauerrahm
250 gr Mehl
Salz
Schale einer halben Zitrone
0,02 l Rum
Fett für das Waffeleisen
Zucker
Zimt

1
Eigelb und Sauerrahm sowie das gesiebte Mehl verrühren. Salz und die geriebene Zitronenschale hinzugeben.

2
Das Eiweiß zu Eischnee schlagen, unter die Masse geben und den Rum hinzugeben.

3
Den Teig im Waffeleisen backen. Anschließend mit einer Mischung aus Zucker und Zimt bestreuen.

dazu schmeckt: feines Apfelmus

März

Der März ist der Fastenmonat, das heißt: Bescheidenheit ist angesagt. Keine Fettsuppen kommen auf den Tisch, sondern eher Milch- und Biersuppen. Zu Mittag erfreuen sich Pfannkuchengerichte und preisgünstige Gerichte wie „Blinder Fisch" und „Nudeln mit Pflaumen" großer Beliebtheit, gelegentlich gibt es Hering.

Auf süße Nachtische wird auch heute noch vielfach verzichtet.

Kartoffelpuffer mit Buchweizenmehl

500 gr Kartoffeln
150 gr Weizenmehl
200 gr Buchweizenmehl
1 Eßl Salz
$^1/_2$ Päckchen Backpulver
0,2 l Milch
Öl und Schmalz zum Backen

1
Die Kartoffeln schälen und dann reiben.

2
Das Mehl, das Buchweizenmehl, das Salz, das Backpulver und etwas Milch unter die geriebenen Kartoffeln rühren.

3
In einer Bratpfanne Öl und Schmalz zu gleichen Teilen erhitzen, den Teig darin portionsweise von beiden Seiten knusprig braun backen.

Beilage: Apfelmus

Gebratenes Seelachsfilet

1 kg Seelachsfilet
Saft einer Zitrone
Salz
1 Ei
50 gr Mehl
100 gr Butter

1
Die Seelachsfilets in Portionsstücke schneiden, gut waschen und mit dem Saft einer Zitrone beträufeln und salzen.

2
Ein Ei auf einen Teller schlagen, die Filets darin wälzen. Anschließend in Mehl wälzen.

3
In einer Pfanne Butter auslassen. Darin die Filets von beiden Seiten je 5-10 Minuten goldbraun braten.

Beilagen: Salzkartoffeln, Senfsoße, Endiviensalat

Gefüllte Schweinerippe

1 kg Schweinerippe
Salz
Pfeffer
2 saure Äpfel
100 gr Trockenpflaumen
Zucker
Zimt
Bratfett

1
Die aufgeschnittene Schweinerippe von innen mit Salz einreiben.

2
Die Äpfel schälen und vierteln. Die Schweinerippe mit den Apfelvierteln, den Backpflaumen sowie Zucker und Zimt füllen und zunähen.

3
Die Schweinerippe von außen mit Salz und Pfeffer würzen.

4
In einem Bratentopf Bratfett auslassen, die Schweinerippe rundum anbraten, etwas Wasser hinzugeben und etwa 2 Stunden schmoren lassen. Zwischenzeitlich im Backofen öfter begießen.

Himmel und Erde
- Westfälische Variante -

750 gr Kartoffeln
300 gr Apfelmus
2 Zwiebeln
40 gr Butter

1
Die Kartoffeln schälen, kochen und zu Kartoffelbrei verarbeiten.

2
Das heiße Apfelmus mit dem heißen Kartoffelbrei vermischen.

3
Die Masse in eine vorgewärmte Schüssel geben, in der Mitte eine Vertiefung schaffen.

4
In Butter Zwiebelringe bräunen und in die Vertiefung der Kartoffel-Apfel-Masse geben.

Als Beilage: gebratene Blutwurstscheiben oder gebratenes Wurstebrot in Scheiben

Heringssalat

4 gekochte Kartoffeln
1 eingelegter Hering (filetiert)
1 Apfel
1 Essiggurke
1 Zwiebel
Rote Bete (aus dem Glas)
etwas Mayonnaise
Salz
Pfeffer

1
Die Kartoffeln, den Hering, den Apfel, die Essiggurke, die Zwiebel und die Rote Bete würfeln.

2
Alles mit etwas Mayonaise verrühren und mit Salz und Pfeffer abschmecken.

Ein klassisches westfälisches Freitagsgericht; zum Heringssalat passen Pellkartoffeln.

April

Im Mittelpunkt des Monats April steht das Osterfest. Bevor jedoch mit Festtagssuppe, Festtagsbraten und Nachtisch das Osterfest gefeiert werden konnte, wurde in der Karwoche gefastet. Den einzigen kulinarischen Höhepunkt bildeten im Münsterland am Karfreitag die Struwen, ein süßes Hefegebäck, das oft ohne weitere Beilagen als einziges Gericht zubereitet wurde.

Karfreitag

Der Karfreitag in seiner religiösen Bedeutung spiegelte sich auch im Speiseangebot wider. In den evangelischen Landesteilen gehörte zum Mittagessen vor allem Fisch, je nach Geldbeutel Karpfen, Schellfisch oder Stockfisch.

In den katholischen Landesteilen unterschied sich dieser Tag deutlich. „Den ganzen Morgen gab es nichts zu essen. Wer wollte, konnte sich Knabbeln mit Milch selbst zurechtmachen. Zu Mittag gab es dann Struwen und Kartoffeln mit Soße und weißen Bohnen (reife Schnibbelbohnen gekocht). Die Struwen gab es nur am Karfreitag, ein Gemisch aus Mehl mit Milch, dazu Rosinen und Apfelstückchen darin und dann gebacken, anschließend leicht mit Zucker bestreut. Es gab reichlich. Der Rest wurde dann abends aufgegessen.(...). Dieser Bericht aus dem Münsterland zeigt, daß auch im katholischen Bereich der Karfreitag durch besondere Fastenspeisen ausgezeichnet war. Als weiteres Fastengericht wird das Wambeer oder Bambeer genannt, eine Buttermilchsuppe mit Backobst, Rosinen und Schwarzbrot."
(D. Sauermann, Vom alten Brauch..., S.61,62)

Ostern

„Da nach der ersten Messe am Ostersonntag die Fastenzeit beendet war, erhielt in den katholischen Landschaften die erste Mahlzeit am Ostertag eine hohe Bedeutung. Im Münsterland wurde aus diesem Anlaß bei den reicheren Bauern der erste Schinken aufgeschnitten, und es gab oft schon zum Frühstück, wenn man aus der Kirche heimkam, gekochten Schinken mit Sauerkraut. Die ärmere Bevölkerung aß, soweit es möglich war, den ‚halben Kopf', den gekochten Schweinskopf. Im Tecklenburger Land galt als Festessen Sauerkrauteintopf mit Mettwurst und Schweinebacke. In einigen Landschaften kam zur Feier des Tages ein Ziegen- oder ein Schaflamm auf den Tisch. Und das Festgericht in der Soester Börde war allgemein Rindfleischsuppe und dicker Reis mit Pflaumen."
(D. Sauermann, Vom alten Brauch.., S.65)

DRENSTEINFURTER STRUWEN

500 gr Mehl
40 gr Hefe
$^3/_8$ l Milch
2 Eier
1 Teel Salz
2 Eßl Zucker
etwas Butter
125 gr gewaschene Rosinen
Schmalz

1

Die Hefe in etwas Milch anrühren, zum Mehl geben, vermengen und etwa 20 Minuten gehen lassen.

2

Die übrigen Zutaten einrühren, zu einem Teig verarbeiten und nochmals gehen lassen.

3

Schmalz in einer Pfanne erhitzen, die Struwen zu kleinen runden Kuchen von beiden Seiten backen, bis sie goldbraun sind.

Feiertagssuppe

1 kg Hohe Rippe
1 Suppenhuhn
Suppengemüse:
Möhren
Sellerie
Porreestange
2 Zwiebeln
Salz
Blumenkohlröschen
Eierstich
Grießmehlklößchen

1

Die Hohe Rippe und das Suppenhuhn sorgfältig säubern und in einem Suppentopf mit Wasser aufsetzen.

2

Nach dem Abschäumen die Suppe etwas salzen, zwei Möhren, einen halben Sellerie, eine kleingeschnittene Porreestange und zwei Zwiebeln zugeben. Dann die Suppe etwa 2 Stunden köcheln lassen.

3

Das Fleisch herausnehmen, die Brühe durchsieben und mit Salz abschmecken.

4

Feines Gemüse wie Blumenkohlröschen sowie Eierstich und Grießmehlklößchen runden die Suppe ab.

Tip: Aus der Hohen Rippe läßt sich eine Vorspeise bereiten (Rindfleisch mit Zwiebelsoße), das Huhn kann zu Hühnerragout verarbeitet werden.

Westfälischer Rinderschmorbraten

1 kg Rinderschmorbraten
Bratfett
1 Glas Rotwein
2 Nelken
10 Pfefferkörner
1 Lorbeerblatt
1 Zwiebel
1 Scheibe Speck
1 Becher Sauerrahm

1

Den Braten waschen und trocken tupfen. Von allen Seiten mit Salz einreiben. Dann in zerlassenem Fett von allen Seiten anbraten.

2

Mit etwas Wasser und Rotwein ablöschen, einige Nelken, Pfefferkörner, das Lorbeerblatt und eine ganze Zwiebel hinzugeben. Auf das Fleisch eine Scheibe Speck legen.

3

Etwa 2 Stunden den Braten schmoren lassen, gelegentlich das Fleisch begießen.

4

Den Bratenfond durchsieben und mit Sauerrahm eine Soße herstellen.

FESTLICHE HERRENCREME

1 l Milch
2 Päckchen Puddingpulver Vanille
4 Eßl Zucker
1 Becher Sahne
100 gr gemahlene Haselnüsse
100 gr Blockschokolade (Halbbitter)
1 Gläschen Rum

1
Aus der Milch, dem Puddingpulver und dem Zucker eine Creme kochen, die anschließend kühl gestellt wird.

2
Kurz vor dem Verzehr die Haselnüsse, die geriebene Blockschokolade und den Rum unter die Masse rühren.

3
Die Sahne schlagen und vorsichtig unter die Creme heben. Mit Schokoladeraspeln dekorieren.

Bäuerlicher Rosinenstuten
aus dem Münsterland

500 gr Mehl
1 Päckchen Hefe
2 Eßl Zucker
60 gr Butter
100 gr Rosinen
1 Teel Salz
1/4 l Milch

1
Das Mehl in eine Schüssel geben, in der Mitte eine Vertiefung machen und die Hefe hineinbröckeln. 1 Eßl Zucker und etwas lauwarme Milch darübergeben. Mit Mehl bestreuen und an einem warmen Ort gehen lassen.

2
Die übrigen Zutaten hinzugeben und den Teig auf einer Platte kräftig kneten. Nochmals gehen lassen.

3
Den Teig in eine gefettete Kastenform geben und nochmals gehen lassen.

4
Bei etwa 200 Grad den Stuten etwa 1 Stunde backen. Das noch heiße Brot anschließend mit Wasser bestreichen.

MAI

Der Mai bringt in den westfälischen Gärten die ersten frischen Pflanzen. Der Rhabarber wird für Rhabarberkompott, -suppe oder Rhababerkuchen genutzt. Auch die ersten frischen Möhren aus dem Garten beleben die Speisenkarten.

In zahlreichen Wäldern läßt sich auch Waldmeister finden, das für eine süffige Maibowle verwendet wird.

Der Wonnemonat Mai war auch der beliebteste Monat für das Heiraten. Polterabende und Hochzeitsfeiern sorgten dafür, daß das Beste, was Vorrat und Garten zu bieten hatte, auf den Tisch kam.

Porreecremesuppe vom jungen Lauch

5 Stangen Porree
50 gr Butter
1/2 l Fleisch-/Gemüsebrühe
Salz
Pfeffer
Muskat
1/2 Becher saure Sahne
Petersilie

1
Den Porree in kurze Abschnitte schneiden und kräftig waschen.

2
In einem Topf die Butter auslassen, darin den Porree 15 Minuten dünsten.

3
Mit Gemüse- oder Fleischbrühe auffüllen und noch kurz kochen lassen.

4
Eine helle Grundsuppe aus Butter, Mehl und etwas Brühe anfertigen. Mit Salz, Pfeffer und Muskat abschmecken.

5
Darin den Porree mit der Brühe geben. Mit saurer Sahne abschmecken und mit Petersilie garnieren.

Frühlingssuppe

Frische Gemüse direkt aus dem Garten, z.B.:
Kartoffeln
Kohlrabi
Böhnchen
Möhren
Erbsen
Weißkohl
Suppengrün
500 gr Suppenfleisch
2 Mettendchen
Salz

1
Aus dem Stück Fleisch (z.B. Rinderbrust) und den Mettendchen eine Fleischbrühe bereiten (ca. 1-1½ Stunden kochen).

2
Die frischen Gartengemüse waschen, putzen und klein schneiden, eine halbe Stunde mitkochen lassen und die Suppe mit Salz abschmecken.

3
Das gegarte Suppenfleisch kleinschneiden und wieder in die Suppe geben.

RHABARBER-STREUSELKUCHEN

500 gr Mehl
3 Teel Backpulver
250 gr Zucker
150 gr Butter
2 Eier
500 gr Rhabarber

1
Mehl, Backpulver, Zucker, Butter in Flöckchen und die Eier miteinander vermischen, bis sich Krümel bilden.

2
Die Hälfte der Krümel in eine gefettete Form geben und kräftig andrücken.

3
Die gekochten Rhabarberstückchen auf den Teig geben.

4
Die übrigen Krümel über den Rhabarber streuen.

5
Bei etwa 200 Grad eine Stunde backen.

Maibowle

- ein altes westfälisches Rezept -

1 Strauß frischer Waldmeister
2 Flaschen Weißwein
2 Eßl Zucker
1 Apfelsine in Scheiben

1
In ein Bowlegefäß den frischen Waldmeister geben, den Zucker und den Weißwein hinzufügen.

2
Die Apfelsinenscheiben hinzugeben.

3
Den Waldmeister kurz ziehen lassen, damit der Geschmack nicht zu intensiv wird.

JUNI

Der Monat Juni stellt für die westfälische Küche einen gewissen Höhepunkt im Jahr dar. Denn frisches Gemüse und Obst bestimmen in dieser Zeit den Küchenplan. Spargel, mit westfälischem Schinken, ist ein wahrer Gaumenschmaus. Auch die ersten Frühkartoffeln werden ausgemacht, frisch geschrabbt und gekocht und als ganze Kartoffeln in der Pfanne gebraten.

Das erste frische Stielmus gelangt auf den Markt, und die Dicken Bohnen, wahrlich eine westfälische Spezialität, werden geerntet und mit Speck und Mettendchen zubereitet. Aber auch Erdbeeren und Stachelbeeren finden sich jetzt im Garten und werden zu Kuchen und als Nachtisch zubereitet.

Die warmen Sommerabende stellen aber auch die Voraussetzung für die Bowlen dar, die im Sommer an lauen Abenden bereitet werden.

FEINE SPARGELSUPPE

500 gr Spargel
Salz
Gemüsebouillon
50 gr Butter
1 kleine Stange Porree
1 Kartoffel
1 Becher Sauerrahm

1
Den Spargel schälen, in kurze 1 Zentimeter lange Abschnitte schneiden. Die Spitzen länger lassen.

2
Die Spargelschalen waschen, in einem Topf mit Wasser geben und mit etwas Salz und Gemüsebouillon etwa 20 Minuten kochen.

3
In einem Suppentopf Butter auslassen, klein geschnittene Porreeabschnitte darin dünsten. Eine in Würfel geschnittene Kartoffel zugeben. Die Spargelstücke zugeben, dünsten, mit der Spargelbrühe auffüllen und 20 Minuten lang kochen lassen.

4
Die Spargelspitzen herausnehmen, die Suppe pürieren, anschließend mit Salz und Pfeffer abschmecken und mit Sauerrahm verfeinern. Die Spargelspitzen wieder in die Suppe geben.

Dazu gibt es Pumpernickelscheiben als Beilage.

Frisches Stielmus

1 kg junges Stielmus
50 gr Butter
1/4 l Fleischbrühe
Salz
Pfeffer
2 Kartoffeln

1
Das Stielmus von den Blättern befreien, die zarten Stiele in kurze Abschnitte schneiden und waschen.

2
In Salzwasser das Stielmus kurz aufkochen, in einen Durchschlag geben und mit kaltem Wasser abschrecken.

3
Butter in einem Topf auslassen, Gemüse andünsten, etwas Fleischbrühe zugeben, mit Salz und Pfeffer würzen.

4
Die geriebenen rohen Kartoffeln zugeben.

als Beilage: Mettwurst

Dicke bohnen mit speck

500 gr durchwachsenen Speck
500 gr Dicke Bohnen
etwas Bohnenkraut
Salz
2 Eßl Stärkemehl

1
Den Speck mit dem Bohnenkraut in kochendes Salzwasser geben. Kochen lassen.

2
Nach etwa 30 Minuten die gewaschenen Dicken Bohnen hinzugeben, kurz aufkochen lassen und bei schwacher Hitze garen.

3
Den Speck herausnehmen, in Scheiben schneiden und auf einer Platte warmstellen.

4
Die Dicken Bohnen mit dem Stärkemehl leicht andicken, abschmecken und servieren.

Dazu: Salzkartoffeln

Stachelbeergrütze

500 gr Stachelbeeren
1 Zitrone
250 gr Zucker
250 gr Sago
$^{1}/_{4}$ l Sahne

1

Die gewaschenen Stachelbeeren in gut einem Liter Wasser mit dem Saft einer halben Zitrone weichkochen. Die Masse durch ein Sieb drücken.

2

In einen halben Liter Wasser Zucker geben und Sago kochen. Zu der Fruchtmasse geben und stürzen.

3

Dazu geschlagene Sahne servieren.

Dicke milch mit Schwarzbrot

1 l Milch
1 Päckch Vanillezucker
250 gr Zucker
1 Zitrone
2 Blatt Gelantine
3 Scheiben Schwarzbrot
100 gr Bitterschokolade

1

Die Milch kühl stellen und sauer werden lassen.

2

Die Dickmilch mit Vanillezucker, Zucker, dem Saft einer Zitrone verrühren. Gelantine nach Packungsvorschrift zubereiten, zu der Masse geben, kühl stellen und andicken lassen.

3

Das Schwarzbrot in kleine Stücke bröseln, mit 100 gr Bitterschokolade vermischen und über die Dickmilch geben.

Juli

Der Sommermonat Juli ist Buttermilchzeit. Gerade für Suppen unterschiedlichster Art wird die Buttermilch verwendet, für Kaltschalen mit und ohne Pumpernickel, mit und ohne Früchte. Der Juli ist der Monat für Obstkaltschalen, dazu werden auch die Kirschen verwendet, die reif sind. Auch die Johannisbeersträucher werden leergepflückt, aus den Beeren werden Marmeladen, Gelees und der typische Aufgesetzte gemacht. Im Juli werden auch die grünen Bohnen geerntet, die als Schnibbelbohnengemüse auf den Tisch kommen. Der Juli ist in Westfalen der erste Erntemonat.

„Um Jakobitag (25. Juli) herum beginnt auch in Westfalen die Ernte. Sie bringt viel Arbeit und Beschwerden, aber es ist doch eine frohe und beinah festliche Zeit. Auch auf besseres Essen wird Gewicht gelegt. Die sauerländischen Hausfrauen haben die schönsten und längsten Würste dafür aufbewahrt, und eine besondere Art führt den Namen ‚Habermägger' (Hafermäher). Ältere Leute wissen noch zu erzählen, daß die Nachbarn sich gegenseitig bei der Ernte unterstützten, und wenn in der Gegend von Burgsteinfurt ein Hofbesitzer seine Arbeiten so weit beendet hatte, daß er keiner fremden Hilfe mehr bedurfte, so zeigte er das durch eine Fahne an, die auf den Strohdiemen gesteckt wurde."
(P. Sartori, Westf. Volkskunde, 1922, S. 116).

Westfälische Bierkaltschale

2 Scheiben Pumpernickel
250 gr Korinthen
Zimt
Zitronenscheiben
1 l Altbier
Zucker

1
Die Pumpernickelscheiben fein reiben, die gewaschenen und aufgekochten Korinthen mit dem Brot vermischen.

2
Zimt und Zitronenscheiben dazugeben.

3
Das Bier über die Masse geben, verrühren und mit Zucker nach Belieben geschmacklich verfeinern.

MÜNSTERSCHES KALBSKOPFTÖTTCHEN

„Mönstersk Töttchen"

1 Kalbskopf
2 Zwiebeln
2 Lorbeerblätter
2 Nelken
1 Eßl Senf
Salz
Pfeffer
Butter
Mehl
Essig
Zitrone

1
Den Kalbskopf mit einer Zwiebel, Salz, den Lorbeerblättern und den Nelken in gut 2 Stunden gar kochen

2
Das Fleisch aus der Brühe nehmen und vom Knochen trennen und in kleine Würfel schneiden.

3
Den Kalbfleischfond durchsieben.

4
Aus Butter, Mehl und Fond eine Mehlschwitze bereiten, die kleingewürfelte Zwiebel hinzugeben und mit dem Fond auffüllen.

5
Das Fleisch hinzugeben und das Ragout mit Salz, Pfeffer, Senf, Essig und Zitrone abschmecken.

Westfalencreme

$^1/_2$ l Sahne
50 gr Zucker
250 gr Pumpernickel
etwas Rum
500 frische Erdbeeren

1
In eine Glasschüssel lagenweise die gesüßte geschlagene Sahne, den geriebenen Pumpernickel und die in Rum gezogenen Erdbeeren füllen.

2
Die Creme kalt stellen.

Erdbeerbowle

1 kg Erdbeeren
3 Flaschen Weißwein
4 Eßl Zucker

1

Die Erdbeeren waschen, entstielen, halbieren, mit 4 Eßl Zucker süßen und einige Stunden stehen lassen, damit sie gut ziehen.

2

Die Früchte in ein Bowlegefäß geben, mit Weißwein auffüllen und ziehen lassen.

August

Im August kommen in Westfalen frische Gemüse auf den Tisch. Dazu zählt zum Beispiel der Eintopf „Quer durch den Garten", der viele Sommergemüse in einer kräftigen Suppe vereint. Die Gemüsepalette wird durch jungen Wirsing und durch frisches Schnittlauch bereichert. August ist auch der Monat, in dem die Schützenfestsaison in Westfalen beendet wird. Zu den Schützenfesten gehört als wichtiger Bestandteil der Frühschoppen. Neben Bier und Korn gehört als unverzichtbare Speise im Münsterland das Töttchen dazu, ein pikantes Ragout, das mit viel scharfem Senf gegessen wird.

BUTTERMILCHSUPPE MIT ZWIEBACK

eine Sommerfrische

1 l Buttermilch
4 Teel Zucker
1 Msp Zimt
Saft einer halben Zitrone
8 Zwiebäcke

1

Eine Stunde vor dem Essen Buttermilch, Zucker, Zimt, Zitronensaft und abgeriebene Zitronenschale miteinander verrühren.

2

In die Suppenteller je 2 Zwiebäcke geben. Darüber die Buttermilch geben und sofort verzehren.

Quer durch den Garten

1 kg Suppenfleisch (Brust, Rippe)
Suppenknochen
1 Zwiebel
1 Stange Porree
3 Kartoffeln
2 Möhren
1 Kohlrabi
1 Handvoll grüne Böhnchen
1/2 Blumenkohl
Salz, Pfeffer
fetter Speck

1

Das Suppenfleisch mit den Knochen in einemTopf mit Wasser zum Kochen bringen, Schaum abnehmen, salzen und knapp 1 1/2 Stunden köcheln.

2

Das Gemüse putzen. Den klein geschnittenen Porree, die in Würfel geschnittenen Kartoffeln, die in Scheiben geschnittenen Möhren, den in Stifte geschnittenen Kohlrabi und die grünen Böhnchen zugeben und alles ca. 15 Minuten weiter köcheln lassen.

3

Die Blumenkohlröschen zugeben und nochmals 15 Minuten kochen.

4

Den in kleine Stückchen geschnittenen fetten Speck mit den Zwiebelstückchen in einem Topf dünsten.

5

Das Suppenfleisch und die Knochen herausnehmen. Das Fleisch klein schneiden und mit dem Speck-Zwiebelgemisch wieder zur Suppe geben. Mit Salz und Pfeffer abschmecken.

SCHNIBBELBOHNENEINTOPF

500 gr grüne Stangenbohnen
500 gr Kartoffeln
50 gr Räucherspeck
50 gr Speck
2 Zwiebeln
2 Eßl Mehl
Salz
Pfeffer
Bohnenkraut
Essig
Zucker

1
Die Stangenbohnen waschen, abfasern und in feine Scheiben schneiden. In Salzwasser garkochen und in einen Durchschlag geben.

2
Die Kartoffeln schälen, würfeln und im Salzwasser gar kochen.

3
Den gewürfelten Räucherspeck und Speck auslassen, die gewürfelten Zwiebeln dünsten, mit Mehl und dem Bohnenwasser eine helle Soße bereiten.

4
In diese Kartoffeln und Bohnen geben. Mit Zucker und Essig süßsauer abschmecken.

Dazu gibt es im Münsterland Mehlpfannkuchen

SAHNE-PUMPERNICKEL
MIT FRISCHEN KIRSCHEN

500 gr Pumpernickel
1 Schnapsglas Rum
150 gr Zartbitterschokolade
250 gr Sauerkirschen
Zucker
$^1/_4$ l Sahne
1 Päckch Vanillezucker

1

Den Pumpernickel reiben, mit dem Rum vermischen und ziehen lassen. Die Schokolade raspeln und zu der Mischung geben.

2

Die Sauerkirschen entsteinen, teilen und mit etwas Zucker süßen. Ziehen lassen.

3

Die Sahne mit dem Vanillezucker steifschlagen.

4

Schichtweise die Zutaten in eine Schüssel oder Dessertgläser füllen.

Schwarzbrot-Eis

6 Eigelb
250 gr Zucker
1/2 l Sahne
1 Scheibe geriebenes Schwarzbrot

1
Eigelb, Zucker und Sahne verrühren und zum Kochen bringen.

2
Vom Herd nehmen, weiter rühren und das geriebene Schwarzbrot zugeben.

3
Die Masse durchsieben, in die Eismaschine oder in das Tiefkühlfach geben.

SEPTEMBER

Der Monat September steht in Westfalen ganz im Zeichen der Kartoffel.

Die Kartoffel ist die Basis für zahlreiche Gerichte in Westfalen. Ob Kartoffelsuppe, Potthucke, Pickert im Kasten oder in der Pfanne, die Kartoffel ist bei den Westfalen einfach nicht wegzudenken.

Daneben spielen im September die Äpfel eine wichtige Rolle. Apfelmus und Appeltate sind bekannte Gerichte. Eine Kombination aus Kartoffeln und Äpfeln stellt das Gericht „Himmel und Erde" dar, das auch in Westfalen sehr beliebt war.

Dann gehören zum September die Pflaumen. Pflaumenmus, Pflaumenpfannkuchen, Pflaumenkuchen vom Blech und eingemachte Pflaumen sind nur einige Stichworte.

APFELPFANNKUCHEN

250 gr Mehl
2-3 Eier
Salz
Zucker
1/2 l Milch
1 Teel Backpulver
Schmalz oder Öl zum Backen
8 Äpfel
Zucker zum Bestreuen

1

Aus dem Mehl, dem Backpulver, Eiern, Salz, Zucker und Milch einen dünnflüssigen Teig bereiten.

2

Die Äpfel schälen, entkernen und in feine Scheiben schneiden.

3

Den Teig in die Pfanne geben, die Apfelstückchen in die Masse drücken.

Braun backen und wenden.

4

Mit Zucker bestreuen.

Buttermilchkaltschale
MIT PUMPERNICKEL

nach Henriette Davidis

2 Scheiben Pumpernickel
2 Eßl Zucker
1 l Buttermilch
1/4 l Sahne
2 Zwiebäcke

1
In einer Pfanne den geriebenen Pumpernickel rösten, den Zucker zugeben und das Ganze kräftig verrühren. Abkühlen lassen.

2
Die Buttermilch mit der Sahne verrühren.

3
Vor dem Anrichten die zerbröselten Zwiebäcke hineinstreuen. Zuletzt die abgekühlte Pumpernickelmasse darübergeben.

Henriette Davidis zu diesem Rezept:
„Diese Kaltschale ist sehr wohlschmeckend und erfrischend."

Einfacher Pflaumenkuchen vom Blech

125 gr Butter
50 gr Zucker
200 gr Mehl
125 gr Magerquark
1 Päckchen Backpulver
1 Päckchen Vanillezucker
4 Tropfen Backöl Bittermandel
etwa 2 kg frische Pflaumen
Zucker zum Bestreuen

1
Die Pflaumen entsteinen, halbieren und waschen.

2
Aus den übrigen Zutaten einen Teig erstellen und diesen auf einem großen eingefetteten Backblech ausrollen.

3
Die Pflaumen auf den Teig legen und diesen bei 200 Grad etwa 30 Minuten backen.

4
Mit Zucker bestreuen.

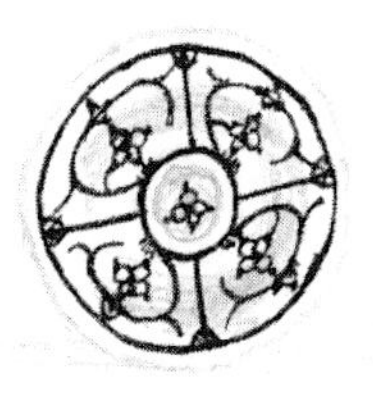

Oktober

Der Monat Oktober bedeutet die Beendigung der Erntearbeiten und steht ganz im Zeichen des Erntedankfestes.

Annette von Droste-Hülshoff schreibt darüber in ihren Bildern aus Westfalen:
„Das Erntefest wird nur auf Edelhöfen und großen Pachtungen im altherkömmlichen Stile gefeiert. Der voranschreitenden Musik folgt der Erntewagen mit dem letzten Fuder, auf dessen Garben die Großmagd thront, über sich auf einer Stange den funkelnden Erntekranz; dann folgen sämtliche Dienstleute, paarweise mit gefalteten Händen, die Männer barhaupt, so ziehen sie langsam über das Feld dem Edelhofe zu, das Tedeum nach der schönen alten Melodie des katholischen Ritus absingend, ohne Begleitung, aber bei jedem dritten Verse von den Blasinstrumenten abgelöst, was sich überaus feierlich macht und gerade bei diesen Menschen und unter freiem Himmel etwas wahrhaft Ergreifendes hat. Im Hofe angelangt, steigt die Großmagd ab und trägt ihren Kranz mit einem artigen Spruche zu jedem Mitgliede der Familie, vom Hausherrn an bis zum kleinsten Jünkerchen auf dem Schaukelpferde, dann wird er über das Scheuertor an die Stelle des vorjährigen gehängt, und die Lustbarkeit beginnt."

(Annette von Droste-Hülshoff, Bilder aus Westfalen)

HERZHAFTER ERNTEDANK-TOPF

200 gr Kartoffeln
200 gr grüne Bohnen
200 gr weiße Bohnen (aus dem Glas)
100 gr durchwachsener Speck
1 Zweig Bohnenkraut
1 Zweig Liebstöckel
2 Eßl Öl
$1\frac{1}{2}$ l Fleischbrühe
2 Äpfel, 2 Birnen, Salz, Pfeffer
8 Scheiben Schwarzbrot

1

Die Kartoffeln waschen, schälen und in Würfel schneiden. Die Bohnen ebenfalls waschen, putzen, dabei die Fäden abziehen und die Hülsen halbieren.

2

Die Kräuter waschen, trockenschütteln und die Blätter abzupfen. Einige Blätter zurückbehalten und die restlichen fein hacken.

3

Den Speck würfeln und in dem erhitzten Öl auslassen. Die grünen Bohnen dazugeben und kurz mitbraten. Die Fleischbrühe zugießen und die Kartoffelwürfel und die gehackten Kräuter hinzufügen. Den Eintopf etwa 15 Minuten kochen lassen.

4

Die Äpfel und Birnen waschen, schälen, vierteln, die Kerngehäuse entfernen und in Würfel schneiden. Dann zum Eintopf geben und 5 Minuten mitgaren lassen.

5

Die abgetropften weißen Bohnen zum Eintopf geben und kurz erhitzen. Die Suppe mit Salz und Pfeffer abschmecken. Mit den restlichen Kräutern garnieren und mit dem kräftigen Schwarzbrot servieren.

Bohneneintopf mit Birnen und Speck

500 gr durchwachsener Speck
$^1/_2$ l Wasser
1 kg grüne Bohnen
500 gr kleine Kochbirnen
2 Eßl Mehl
Salz
Pfeffer
Petersilie

1

Den Speck im Salzwasser etwa 30 Minuten kochen lassen.

2

Die grünen Bohnen waschen, die Fäden entfernen, die Bohnen in kurze Stücke brechen und zu dem Speck geben. 15 Minuten kochen lassen.

3

Die gewaschenen und ungeschälten Birnen mit Stiel, aber ohne Blütenansatz auf die Bohnen legen und 15 Minuten mitkochen lassen.

4

Den Speck herausnehmen und in Scheiben schneiden. Die Bohnen mit etwas Mehl andicken und mit Salz und Pfeffer abschmecken. Auf einer Schüssel anrichten und mit Petersilie garnieren.

HERBSTWURZELGEMÜSE MIT ÄPFELN

1 kg Möhren
2 Äpfel (säuerliche Sorte)
Salz
2 Eßl Zucker
Butter
8 Kartoffeln
1 l Brühe

1
Die Möhren waschen und putzen, in Würfel schneiden und im Butterfett kurz abdünsten. Mit Brühe auffüllen und mit Salz würzen.

2
Äpfel schälen, vierteln und entkernen, auf die Möhren legen, Zucker hinzufügen und etwa 45 Minuten köcheln.

3
Die Kartoffeln kochen und als Beilage reichen.

Henriette Davidis empfiehlt ferner zu diesem Gericht gebratenes Rindfleisch, Frikadellen oder Bratwurst. Im Münsterland hat sich die Bratwurst als Beilage durchgesetzt, wobei diese auch oft im Gemüse mitgekocht wird.

Bäuerlicher Streuselkuchen

für den Teig:
500 gr Mehl
40 gr Hefe
80 gr Zucker
1 Prise Salz
1/4 l Milch
60 gr Butter

für den Belag:
150 gr Mehl
100 gr Butter
etwas Zimt

1

Aus den Zutaten für den Teig einen Hefeteig herstellen. Dabei muß die Milch lauwarm sein. Die Hefe muß klein gebröckelt werden. Den Teig gehen lassen.

2

Auf ein Backblech den Teig dünn ausrollen. (Je nach Geschmack kann man den Teig mit Obst oder Rosinen belegen)

3

Aus den Zutaten für den Belag eine krümelige Masse herstellen. Diese über den Teig streuen.

4

Bei 175 Grad im Backofen etwa 40 Minuten backen.

NOVEMBER

Im November sind in Westfalen die Feiern zum Martinstag hervorzuheben. Diese haben bereits Tradition und werden auch heute noch in den Teillandschaften unterschiedlich begangen.

„Die Martinsfeuer, die früher angezündet wurden, sind schon im 18. Jahrhundert an manchen Orten verboten worden. Doch zogen die Kinder in Dorsten und in Bocholt noch lange mit Kerzen in ausgehöhlten Rüben umher ... Es gab überall viel zu naschen. Im Sauerlande holte man sich seine im Herbst eingesammelten Haselnüsse hervor, die bis dahin in Beuteln und Strümpfen im Rauchfange gehangen hatten, und knackte und aß darauf los. Bretzeln, Waffeln und Pfeffernüsse wurden reichlich gebacken .... In Herford aß die ganze Stadt langen, braunen Kohl zu Mittag. Vor allem spielt die Gans unter den üppigen Schmäusen ihre erfreuliche Rolle... An einem besonderen Spiel vergnügte man sich in Lippborg... Man mußte dabei in unbequemer Haltung auf einem Ringelbaum sitzend einen Kranz und einen Holzschuh herabstoßen. Zur Belohnung wurde ein Korb Äpfel auf die Tenne geschüttet..."

(P. Sartori, Westf. Volkskunde, 1922, S. 169)

Im November wurde früher in Westfalen auch die erste Hausschlachtung des Winters durchgeführt: „Ein ganz besonderes Fest ist das Schweineschlachten. Es findet gewöhnlich im Herbst, im ‚fetten Vädeljohr' statt, wo dann der Bauer ‚met de schmiärige Miute üöwer de Neiendüör kiekt'. Da kommen die Nachbarn, gratulieren und lassen sich das Wurstebrot und den Pannhas trefflich schmecken. Ein besonderer Leckerbissen sind (in Lippborg) die in dem ausgekochten Fett geschmorten „Schmaoltappel".... In den Dörfern bei Dortmund ist man bei jeder Schlachtung seinen drei Nachbarn, auch ohne ihren Besuch abzuwarten, den Pottharst in Gestalt einer Wurst (beim Rinde eines Schulterstückes) zu bringen verpflichtet."

(P. Sartori, Westf. Volkskunde, 1922, S. 108).

Es beginnen aber auch schon die ersten Vorbereitungen für die Advents- und Weihnachtszeit. Spekulatien werden bereits gebacken, die dann trocken in der Milchkanne aufbewahrt werden und dann, wenn noch welche da sind, zu Nikolaus auf den Teller kommen.

Deftiger westfälischer Linseneintopf

500 gr getrocknete Linsen
4 Mettendchen
150 gr Schinkenreste, evt. Schwarte
4 Möhren
1 Stange Porree
$^{1}/_{2}$ Sellerie
500 gr Kartoffeln
1 Zwiebel
125 gr fetter Speck
Salz
Pfeffer
Essig

1
Die Linsen über Nacht einweichen.

2
In einem Suppentopf die Linsen mit Wasser zum Kochen bringen und gut eine Stunde kochen lassen.

3
Dann die in Scheiben geschnittenen Mettendchen, die Schinkenreste zugeben. Das geputzte Gemüse (Möhren, Porree, Sellerie), die in Würfel geschnittenen Kartoffeln dazu geben und nochmals 45 Minuten kochen.

4
In einem kleinen Topf die gewürfelte Zwiebel und den gewürfelten fetten Speck dünsten. Zu der Suppe geben.

5
Den Eintopf mit Salz, Pfeffer und Essig abschmecken.

SCHWEINEFILET MIT ALTBIER

1 kg Schweinefilet
Salz
Pfeffer
Senf
50 gr Butterschmalz
1/2 l Altbier
1 Becher Sahne

1
Die Schweinefilets säubern, mit Salz, Pfeffer und Senf einreiben.

2
In einem Brattopf Butterschmalz erhitzen, die Schweinefilets rundum braun braten, mit etwas Altbier ablöschen.

3
Im Backofen zugedeckt etwa 30 Minuten garen. Gelegentlich mit Altbier das Fleisch einpinseln.

4
Die Schweinefilets aus dem Topf nehmen, warm stellen, den Fonds mit Altbier auffüllen und mit Sahne eine Soße bereiten.

MARTINSGANS

1 Gans
Pfeffer
Salz
Bratfett

für die Füllung:
2 Brötchen (eingeweicht)
1 Gänseleber (fein geschnitten)
2 Zwiebeln (gewürfelt)
1 Bund Petersilie (klein geschnitten)
2 Eier

1
Die Gans waschen, trocken tupfen und mit Salz und Pfeffer innen und außen einreiben.

2
Aus den Brötchen, der Gänseleber, den Zwiebeln, der Petersilie, den Eiern sowie Salz und Pfeffer eine Masse herstellen, mit der die Gans gefüllt wird. Zunähen.

3
In einen Bräter etwas Wasser geben, die Gans hineinlegen und im Backofen bei 200 Grad braten. Nach zwei Stunden wenden, und noch eine Stunde weiterbraten lassen. Gelegentlich einstechen und mit dem Bratfett übergießen.

Kohlrouladen

1 Weißkohl
400 gr Gehacktes (halb und halb)
1 Zwiebel
1 Brötchen
1 Ei
Salz
Pfeffer
Bratfett
Fleischbrühe

1
Die Blätter vom Weißkohl lösen, kurz blanchieren. In einen Durchschlag geben.

2
Hackfleisch, die kleingewürfelte Zwiebel, das eingeweichte Brötchen, das Ei, Salz und Pfeffer zu einer Masse verarbeiten.

3
Je drei Eßlöffel Hackfleisch auf 1 oder 2 Weißkohlblätter geben, zusammenrollen und mit einem Faden zusammenbinden.

4
Die Rouladen im Fett von allen Seiten kräftig anbraten, mit etwas Brühe auffüllen und garschmoren.

Grünkohl mit Kasseler

2,5 kg Grünkohl
1 kg Kasseler (Lummer) mit Knochen
(Knochen abtrennen lassen)
50 gr Schweineschmalz
2 große Zwiebeln
Salz
Pfeffer
Zucker

1
Den gesäuberten und kleingehackten Grünkohl kurz im Wasser aufkochen und in einen Durchschlag geben.

2
Das Kasseler und die Knochen in einen Topf mit erhitztem Schmalz geben und von allen Seiten kurz bräunen. Dann das Fleisch und die Knochen herausnehmen.

3
Die gewürfelten Zwiebeln in das Fett geben, kurz dünsten, den Grünkohl hinzufügen, das Fleisch dazugeben und mindestens eine Stunde schwach kochen.

4
Das Fleisch herausnehmen, in Scheiben schneiden. Den Grünkohl mit Salz, Pfeffer und besonders mit Zucker abschmecken.

WEISSKOHL AUF WESTFÄLISCHE ART

1 Weißkohl
Gänseschmalz
3 kleine Zwiebeln
Salz
Zucker
Speisestärke

1
Den Kohl fein schneiden, kräftig abwaschen und abtropfen lassen.

2
Gänseschmalz auslassen, die Zwiebeln andünsten, etwas Wasser zugeben, den Kohl hinzufügen und mit etwas Salz würzen.

3
Den Kohl weich kochen, nach Geschmack Zucker hinzufügen und nach Bedarf mit Speisestärke andicken.

Henriette Davidis empfiehlt zum Weißkohl auf westfälische Art: „Es können gedämpfte Kastanien und gebratene Kartoffeln dazu gereicht werden. Wird aber eine fette Beilage, z.B. Gänsebraten dazu gegeben, so sind für den Familientisch gekochte Kartoffeln vorzuziehen.”
(Davidis, 30.Aufl. 1890, S.127)

SCHMALZÄPFEL

8 Äpfel
400 gr Schmalz

1
Die Äpfel säubern und mit der Gabel mehrfach einstechen.

2
In einem Topf soviel Schmalz zerlassen, daß die Äpfel darin schwimmen können. Die Äpfel hineingeben und solange braten, bis die Haut platzt.

3
Mit einem Schaumlöffel die Äpfel herausnehmen, in eine feuerfeste ausgefettete Form geben und in den heißen Backofen stellen. Solange backen, bis die Äpfel gar sind.

Gerade im Münsterland sind die Schmalzäpfel an langen Winterabenden eine süße Delikatesse, die entweder nur so oder aber auch als Beilage zu Bratwurst, Braten, Wild und Geflügel gereicht werden. Mit Zucker und Zimt bestreut ergeben sie auch einen leckeren Nachtisch.

Dezember

Der Dezember steht ganz im Zeichen der Advents- und Weihnachtszeit. Dazu gehört das Backen von weihnachtlichem Kleingebäck. Traditionell haben in Westfalen Gewürzspekulatien, Spritzgebäck und Berliner Brot auch heute noch ihre Bedeutung.

Ein besonderes Ereignis war natürlich der 6. Dezember, der Nikolaustag: „An seinem Tage oder am Vorabend kommt endlich der Klausmann oder Sinte Kloos selbst, als Bischof gekleidet oder auch als Greis mit langem, weißem Bart, mitunter begleitet von Knecht Ruprecht oder Hans Muff, der ihm den Sack mit Gaben trägt. Im Osnabrückschen erscheint er auch als Reiter auf einem aus einer Heugabel und einem weißen Laken hergestellten Pferde. Er läßt die Kinder beten, die guten kriegen Äpfel und Nüsse, die unartigen eine Rute. Im Sauerlande aber erhält diese Rute jedes Kind, und wir erkennen an diesem Zuge den freundlichen Segensgeist, der selbst mitten im Winter die ‚Lebensrute' der jungen Welt nicht vorenthält. Wo Nikolaus nicht in eigener Person auftritt, stellen die Kinder vor dem Schlafengehen einen Teller oder Holzschuh auf die Fensterbank oder unter den Schornstein und finden sie am Morgen mit Geschenken gefüllt, unter denen der Kuchenmann mit Korinthenaugen nicht fehlt."
(P. Sartori, Westf. Volkskunde, 1922, S. 134)

Der Höhepunkt der winterlichen Zeit war und ist das Weihnachtsfest, zu dem ein entsprechendes Festessen auf den Tisch kam. Natürlich diktierte der Kirchgang den Tagesablauf: nach dem Gang zur Messe gab es ein besonderes Frühstück mit Stuten, der mit Korinthen oder Obstschnitzel verfeinert wurde, oder Butter- bzw. Zuckerkuchen. Wer das Hochamt besuchte, konnte zu Mittag ein festtägliches Essen erwarten. „Traditionell gab es in Westfalen das Sonntagsgericht, z.B. Mettwurst mit Grünkohl, gekochter Schinken oder Halber Schweinekopf. Da in vielen Häusern kurz vor Weihnachten geschlachtet wurde, bildete oft frisches Fleisch oder frischer Speck das Festtagsgericht. Hin und wieder wird berichtet, daß zum Nachtisch dicker Reis oder Pudding aus Grießmehl oder Stärke gereicht wurde... Erst nach und nach kam der Braten auf... Ein regelrechtes Weihnachtsgericht, wie wir es aus anderen deutschen Landschaften kennen, gab es in Westfalen nicht."
(D. Sauermann, Vom alten Brauch in Stadt und Land, S. 150)

Es war üblich, daß die Bescherung für die Kinder erst am Morgen des Weihnachtstages stattfand. „Der Weihnachtsbaum hat sich in manchen ländlichen Orten erst in der letzten Zeit eingebürgert. Im Münsterlande gewann er nach 1815 durch die größere Anzahl der Protestanten, die mit den Preußen ins Land kamen, an Ausbreitung. Aber Kuchen werden zum Feste wohl von jeher überall in großer Menge gebacken."
(P. Sartori, Westf. Volkskunde, 1922, S. 13)

Im Dezember bestimmt auch heute noch der Kohl den Speiseplan. Dies gilt insbesondere für den Grünkohl, der mittlerweile auf dem Feld oder im Garten gut durchgefroren ist. Aber auch Rosenkohl gilt als beliebtes Gemüse, vor allem als Beilage. Die langen Winterabende sind, wenn draußen Schnee liegt und es im warmen Haus richtig gemütlich ist, auch die Zeit für einen kräftigen Punsch oder duftende Bratäpfel mit Nüssen und Zimt.

MÖPPKENBROT MET SCHMORÄPPELKES

8 Scheiben Möppkenbrot
50 gr Schmalz
4 Äpfel (Boskop)
Saft einer halben Zitrone
75 gr Rosinen
1 Gläschen Rum
50 gr gehackte Haselnüsse
1 Teel Zimt
2 Teel Zucker

1

Die Äpfel waschen, entstielen, Deckel abschneiden und das Kerngehäuse herausstechen. Die Äpfel mit Zitronensaft beträufeln.

2

Eine Masse aus gewaschenen Rosinen, Rum, Haselnüssen, Zimt und Zucker herstellen. Diese in die Äpfel füllen.

3

Im Ofen bei 200 Grad etwa eine halbe Stunde backen.

4

In einer Pfanne Schmalz auslassen, die Möppkenbrotscheiben von beiden Seiten braun braten.

FESTTAGSQUARK

1 kg Quark
3 Eier
150 gr Zucker
$^1/_2$ l Sahne
etwas Milch
2 Päckch Vanillezucker
Zimt
Zucker

1

Den Quark, die Eigelb, den Zucker und den Vanillezucker und etwas Milch verrühren.

2

Die Sahne steif schlagen. Eiweiß zu Eischnee schlagen.

3

Vorsichtig den Eischnee unter den Quark heben, dann langsam die geschlagene Sahne.

4

Den Quark in eine Glasschüssel füllen und die Oberfläche mit etwas Zucker und Zimt bestreuen.

Berliner Brot

2 Eier
125 gr Butter
250 gr Zucker
250 gr Mehl
1 1/2 Teel Zimt
125 gr geriebene Schokolade
250 gr gehackte Haselnüsse

1
Eier, Butter und Zucker schaumig schlagen, die übrigen Zutaten, Mehl, Zimt, Schokolade und Haselnüsse unterrühren.

2
Den festen Teig auf ein gut gefettetes Backblech geben und bei 175 Grad ca. 20 Minuten backen.

3
Aus dem Ofen nehmen, das noch warme Berliner Brot in Streifen schneiden. Aus diesen wiederum kleine Vierecke schneiden. Dann abkühlen lassen.

BRATAPFEL

4 Äpfel (Boskop)
Butter
Rosinen
Haselnüsse
Johannisbeergelee
Weißwein
Zitrone

1
Bei den Äpfeln einen Deckel abschneiden, die Äpfel entkernen, etwas aushöhlen und mit Butter einpinseln.

2
Aus den gewaschenen Rosinen, den Haselnüssen, dem Johannisbeergelee und etwas Weißwein eine Masse anrühren, die mit etwas Zitronensaft abgeschmeckt wird.

3
Im vorgeheizten Backofen bei ca 200 Grad ungefähr eine halbe Stunde backen.

Dazu paßt gut warme Vanillesauce.

Walstedder Gewürzspekulatius

1 kg Mehl
500 gr Zucker
2-3 Eier
1 Messersp. Zimt
1 Messersp. Nelken
10 gr Hirschhornsalz
Salz
Milch

1
Die angegebenen Zutaten zu einem Teig verarbeiten, den man über Nacht stehen lassen sollte.

2
Den Teig in ein mit Mehl bestäubtes Spekulatiusbrett drücken, mit einem dünnen Faden abziehen, den Teig aus der Form nehmen und auf ein eingefettetes Backblech legen.

3
Bei 200 Grad wenige Minuten backen, bis die Spekulatius goldbraun werden.

Zur Verfeinerung können dem Teig 200 gr geriebene Mandeln oder etwas Kakaopulver zugegeben werden.

Münsterland 236

Die Küche im Münsterland basiert vor allem auf der historisch gewachsenen bäuerlichen Struktur und ist auch heute noch vielfach abgeleitet aus dem Ackerbau (Getreide) und der Viehhaltung (Rinder, Schweine), was für das Münsterland so charakteristisch ist.

Östliches Ruhrgebiet 253

Im Bereich der Nahrungs- und Genußmittelindustrie kann Dortmund als eine der größten Bierstädte bezeichnet werden. 1293 erhielt Dortmund das Recht, Bier zu brauen. Hieraus entwickelten sich 6 Großbrauereien (Dortmunder Kronen, Union-Schultheiss, Aktien, Stifts, Bitter, Thier) mit einem Bierausstoß von 7 Millionen Hektoliter pro Jahr. Damit wird ein Viertel der gesamten Bierproduktion Westfalens in Dortmund gebraut.

Sauerland, Siegerland, Wittgensteiner Land 264

Einerseits dominiert in diesem westfälischen Raum der Fremdenverkehr und die Naherholung mit Wintersportarten (Winterberg) und Sommerfrischen, daneben ist der Raum aufgrund des hohen Waldbestandes forstwirtschaftlich interessant, aber auch als grüne Lunge und Wasserreservoir für das Ruhrgebiet ist das Sauerland bedeutsam.

Wirtschaftlich dominierend ist in der Soester Börde die Landschaft, vor allem der Ackerbau: besonders Getreide und Zuckerrüben werden angebaut.

1380 wurde sie Mitglied der Hanse. Vor allem im späten 19. und frühen 20. Jahrhundert hat sich Bielefeld zu einer wichtigen Industriestadt entwickelt. Neben dem Maschinen- und Werkzeugbau spielt vor allem die Lebensmittelindustrie eine wichtige Rolle (Dr.Oetker: Back und Puddingpulver, Tiefkühlkost; Ostmann: Gewürze; Granini: Fruchtsäfte).

Münsterland

Das Münsterland bildet den nördlichen Teil der westfälischen Bucht, der im Westen vom Rhein, im Süden von der Lippe und im Osten von den Erhebungen des Teutoburger Waldes begrenzt wird. Der Übergang nach Norden ins Emsland ist fast nahtlos. Charakteristisch für das Münsterland ist eine fast tischebene Landschaft. Felder, Weiden, eingestreute Wälder, Heide und Moor, Wallhecken, Kopfweiden sind Kennzeichen dieser Landschaft. Das Münsterland ist seit altersher ein Land der Bauern. Dieses läßt sich heute noch an der weiten Parklandschaft mit den typisch verstreut liegenden großen Bauernhöfen nachvollziehen. Brennpunkt dieser Landschaft ist die Universitäts- und ehemalige Provinzialhauptstadt Münster, in der man so gerne Attribute sucht, die den Münsterländern zugeschrieben werden: Ruhe, Beschaulichkeit, Fleiß, Freundlichkeit, Herzlichkeit, Sturheit.

Die Küche im Münsterland basiert vor allem auf der historisch gewachsenen bäuerlichen Struktur und ist auch heute noch vielfach abgeleitet aus dem Ackerbau (Getreide) und der Viehhaltung (Rinder, Schweine), die für das Münsterland so charakteristisch ist.

Münsterländische Kaltschale

$^1/_2$ l Dunkelbier
$^1/_2$ l saure Sahne
$^1/_2$ Zitrone
1 Teel Zimt
40 gr Zucker
100 gr Schwarzbrot
50 gr Rosinen

1
Das Bier und die Sahne in eine Rührschüssel geben und kräftig schlagen.

2
Die geriebene Zitronenschale, den Zimt und den Zucker unterrühren.

3
Das Schwarzbrot reiben und mit den gewaschenen Rosinen hinzufügen.
Kaltstellen.

Münsterländisches Kalbstöttchen

1 kg Kalbsbrust
Salz
2 Zwiebeln
2 Lorbeerblätter
2 Nelken
Butter
Mehl
Pfeffer
Essig
Zucker

1

Die Kalbsbrust in einem Suppentopf mit reichlich Wasser zum Kochen bringen, abschäumen, salzen, die Zwiebeln, Lorbeerblätter und Nelken hinzufügen. Das ganze etwa 2 Stunden kochen.

2

Das Fleisch herausnehmen und in kleine Stückchen schneiden. Eine Mehlschwitze aus Butter und Mehl herstellen, mit der Suppe ablöschen und kurz aufkochen.

3

Das Fleisch zugeben, das Ragout mit Salz, Pfeffer, Essig und Zucker abschmecken. Zur Verfeinerung kann man etwas Sherry oder Worcestersauce nehmen.

Wurstbrötchen

- vor allem in Münster als Zwischenmahlzeit beliebt -

4 Mettendchen (frisch)
1 Packung Blätterteig (Tiefkühlkost)

1
Den Blätterteig auf einer Arbeitsplatte ausbreiten, auftauen lassen und zu einer Teigfläche ausrollen.

2
Die Mettendchen in den Blätterteig einwickeln und gegebenenfalls verzieren. Die Wurstbrötchen im Backofen bei ungefähr 200 Grad 30 Minuten goldbraun backen.

3
Heiß servieren.

Dazu gehört ein deftiger Kartoffelsalat und ein scharfer Senf.

Graue Erbsen mit Hering

250 gr graue Erbsen (Trockenerbsen)
100 gr Schmalz
4 Zwiebeln
Fleischbrühe
Essig
Salz
Pfeffer
Zucker

1

Die Erbsen über Nacht einweichen lassen. Im Einweichwasser ca. 2 Stunden kochen lassen.

2

Das Fett auslassen und darin die Zwiebeln in Ringen glasig dünsten. Mit Fleischbrühe auffüllen, die Zwiebeln durchkochen. Mit Mehl die Brühe binden.

3

In die angedickte Brühe die Erbsen geben und süßsauer mit Essig, Salz, Pfeffer und Zucker abschmecken.

Sauer eingelegter Hering

10 Salzheringe
1 l Essig
1 l Wasser
2 Lorbeerblätter
Pfefferkörner
Nelken
Wacholderbeeren
4 Zwiebeln

1

Die ausgenommenen Heringe säubern und einen Tag in Wasser legen, das gelegentlich erneuert wird. Die Heringe in eine Terrine geben und mit einer Marinade aus Essig, Wasser, Lorbeerblättern, Pfefferkörnern, Nelken und Wacholderbeeren übergießen.

2

Die eingelegten Heringe mit Zwiebelringen belegen und einige Tage ziehen lassen.

Blinder Fisch

4 Zwiebäcke
1/2 l Milch
etwas Margarine zum Anbraten
2 Eier
etwas Salz

1
Die Zwiebäcke in der Milch kurz einweichen.

2
In einer Pfanne Margarine erhitzen, die Zwiebäcke hineingeben.

3
Die Milch mit den Eiern verrühren, salzen und die Masse über die Zwiebäcke in der Pfanne geben.

4
Gegebenenfalls die Zwiebäcke wenden.

❋

Beilage: Bratkartoffeln, Scheibenkartoffeln
- einfaches Freitagsessen im Münsterland -

Buchweizenpfannkuchen (einfach)

500 gr Buchweizenmehl
$^1/_2$ l Milch
1 Tasse Wasser
3 Eier
Salz
Schmalz
250 gr durchwachsener Speck

1
Das Buchweizenmehl mit der Milch und dem Wasser anrühren. Die Eier in die Masse verquirlen, bis man einen guten Teig hat. Salzen und kurz quellen lassen.

2
Den Speck in dünne Scheiben schneiden und mit dem Schmalz anbraten.

3
Darauf dünn den Teig geben. Dann die Pfannkuchen auf beiden Seiten braun backen.

Struwen

- Karfreitagsessen im katholischen Münsterland -

750 gr Mehl
3-4 Eier
60 gr Hefe
2/3 l Milch
1/2 Teel. Salz
Butter
Zucker
klein geschnittene getrocknete Birnen

1
Einen Hefeteig aus dem Mehl, den Eiern, der Hefe, der Milch, dem Salz und der geschmolzenen und dann erkalteten Butter bereiten.

2
Nach Belieben Zucker und die klein geschnittenen Birnen hinzufügen.

3
Den Teig 1-1 1/2 Stunden aufgehen lassen.

4
In einer Pfanne kleine Kuchen von beiden Seiten backen und warm servieren.

FEINE REIBEPLÄTZCHEN AUF BROT

- nach einem Rezept aus der Bauerschaft Wessendorf -

$1^1/_2$ kg Kartoffeln
3 Zwiebeln
4 Eßl Haferflocken
4 - 5 Eier
Salz
Öl
Apfelmus oder Johannisbeergelee
Bauernbrot und Pumpernickel

1

Die Kartoffeln schälen und reiben. Die Zwiebeln klein hacken und unter die Kartoffelmasse rühren.

2

Die Haferflocken und die Eier unter die Masse geben und Salz hinzufügen.

3

In einer Pfanne Öl erhitzen und den Teig sofort darin von beiden Seiten goldbraun ausbacken.

4

Die Reibeplätzchen auf eine Schnitte Bauernbrot legen, mit Johannisbeergelee oder Apfelmus dünn bestreichen und mit einem kleinen Stück Pumpernickel bedecken.

Reibeplätzchen schmecken auch aufgewärmt sehr gut, wenn man sie kleinschneidet, mit verrührten Eiern übergießt und in der Pfanne langsam anbrät.

LIPPBORGER SCHMAOLTAPPEL
SCHMALZAPFEL AUS LIPPBORG

8 Äpfel
500 gr Schweineschmalz
Zimt
Zucker

1
Die gesäuberten Äpfel mit einer Gabel mehrmals einstechen.

2
In einem Topf das Schmalz auslassen, die Äpfel hineingeben, schwimmen lassen, bis die Haut platzt.

3
Die Apfel herausnehmen, in eine gefettete Auflaufform geben und im Backofen braten, bis sie gar sind.

4
Äpfel herausnehmen, mit Zucker und Zimt bestreuen.

*

Schmalzäpfel sind eine Delikatesse im Winter, die sich auch als Beilage zu Bratwurst, Gans und Wild eignet.

Knabbeln

1 Münsterländer Bauernstuten
etwas Zucker
Milch oder Milchkaffee

1
Das Brot in Stücke brechen, auf ein Backblech verteilen und im Ofen rösten, bis die Brotstücke hart sind.

2
Die Brotstücke (=„Knabbeln") in eine große Tasse (im Münsterland = Kümpken) geben, mit Zucker bestreuen.

3
Zum Schluß die heiße Milch oder den Milchkaffee darübergießen.

MÜNSTERLÄNDER QUARK MIT SCHWARZBROT

1 Becher Magerquark (500 gr)
Zucker
1 Tasse Milch
100 gr Pumpernickel
etwas Rum
100 gr bittere Schokolade
Preiselbeeren im Glas

1
Aus dem Quark unter Zugabe des Zuckers und der Milch eine Masse rühren.

2
Den Pumpernickel fein reiben, etwas Rum darüber träufeln und mit der geriebenen Schokolade vermengen.

3
Lagenweise den Quark und die Brot-Schokoladen-Masse sowie die Preiselbeeren in eine Schüssel geben und kalt servieren.

Es empfiehlt sich, je nach Geschmack noch eine Lage Johannisbeergelee hinzuzufügen.

MÜNSTERLÄNDER ROSINENSTUTEN

1 kg Mehl
1 Würfel Hefe
2 Eßl Zucker
60 gr Butter
125 gr Rosinen
1 Teel Salz
1/4 l lauwarme Milch

1

Das Mehl in eine Schüssel geben, eine Vertiefung machen und die Hefe hineinbröckeln. 1 Eßlöffel Zucker und etwas lauwarme Milch hinzugeben. Mit Mehl bedecken und an einem warmen Ort zugedeckt gehen lassen.

2

Mit den übrigen Zutaten, Zucker, Butter, die gewaschenen Rosinen, dem Salz und der Milch einen Teig anfertigen, der auf einer mit Mehl bestäubten Arbeitsplatte kräftig durchgeknetet wird. Nochmals gehen lassen.

3

Den Teig noch einmal kräftig durchkneten und ihn in eine gefettete Kastenform geben. Kurz gehen lassen.

4

Das Brot bei etwa 200 Grad ungefähr eine Stunde lang backen. Nach dem Backen das Brot mit heißem Wasser bestreichen.

Der Münsterländer Rosinenstuten ist wesentlicher Bestandteil einer westfälischen Kaffeetafel.

Münsterländische Appeltate

250 gr Margarine
225 gr Zucker
5 Eier
275 gr Mehl
2 Teel. Backpulver
1 kg Äpfel
1 Eßl. Aprikosenmarmelade
1 Eßl. Wasser
100 gr Puderzucker
3 Eßl. Zitronensaft

1

Das Fett schaumig rühren und dann Zucker und Eier zugeben. Das mit Backpulver gemischte und gesiebte Mehl unterrühren.

2

Die Äpfel schälen, vierteln, entkernen und achteln. Die Hälfte des Teiges in eine gefettete Springform füllen und glattstreichen. Die Apfelstückchen in zwei Lagen darauf legen.

3

Den übrigen Teig darauf verteilen und glattstreichen. Bei 180 Grad gut eine Stunde backen.

4

Aprikosenmarmelade durch ein Sieb streichen und mit dem Wasser aufkochen. Den Kuchen nach dem Backen damit bestreichen und kalt stellen.

5

Den Puderzucker mit Zitronensaft und soviel Wasser verrühren, daß eine dünne, flüssige Masse entsteht. Damit den Apfelkuchen nach dem Erkalten überziehen.

Münsterländische Sonntagssuppe

1 kg Rindfleisch (Hohe Rippe)
500 gr Suppenknochen
1 kleines Suppenhuhn
Salz
Porree
Zwiebel
Sellerie
Möhren

1
Das Fleisch und die Knochen in einen großen Topf mit Wasser geben, aufkochen lassen und abschäumen.

2
Salz hinzufügen und knapp 2 Stunden köcheln lassen, bis das Fleisch gar ist.

3
Dann die Zwiebel, den kleingeschnittenen Porree und die Möhren sowie den Sellerie hinzugeben und eine halbe Stunde weiterkochen.

4
Das Fleisch aus der Suppe nehmen, eventuell durchsieben und mit dem Gemüse servieren.

Die Suppe kann man mit Grießmehlklößchen oder Eierstich verfeinern. Das Fleisch für einen Hauptgang verwenden, z.B. als Rindfleisch mit Zwiebelsauce oder als Hühnerfrikassee

Prueks in de pann

4 Scheiben Wurstebrot
3 Äpfel
Wasser
etwas Essigessenz
Schmalz

1
Das Schmalz in der Pfanne erhitzen.
Äpfel schälen, entkernen und in Würfel schneiden.

2
Das in Stücke gebrochene Wurstebrot und die Apfelwürfel in der Pfanne dünsten.

3
Mit etwas Wasser auffüllen, einen Spritzer Essigessenz zugeben und so lange unter häufigem Umrühren köcheln lassen, bis eine zähe Masse entsteht.

4
Heiß servieren.

❋

Dazu schmeckt hervorragend ein frisches Bier und ein Klarer.

Östliches Ruhrgebiet

Metropole des östlichen Ruhrgebietes und gleichzeitig größte Stadt Westfalens mit 590.000 Einwohnern ist Dortmund. Bereits im 9. Jahrhundert erstmalig urkundlich erwähnt, wurde sie ein wichtiger Handelsort und Hansestadt. Bedeutung erlangte Dortmund im 19. Jahrhundert mit der einsetzenden Industrialisierung. Dortmund entwickelte sich zu einem Zentrum der deutschen Stahlindustrie.

Im Bereich der Nahrungs- und Genußmittelindustrie kann Dortmund als eine der größten Bierstädte bezeichnet werden. 1293 erhielt Dortmund das Recht, Bier zu brauen. Hieraus entwickelten sich 6 Großbrauereien (Dortmunder Kronen, Union-Schultheiss, Aktien, Stifts, Bitter, Thier) mit einem Bierausstoß von 7 Millionen Hektoliter pro Jahr. Damit wird ein Viertel der gesamten Bierproduktion Westfalens in Dortmund gebraut.

SAUERKRAUTSUPPE

250 gr Mett
250 gr frisches Sauerkraut
1/2 Becher Sahne
Fleischbrühe
Tomatenmark
Salz
Pfeffer
50 gr Bratfett

1

Das Mett mit Salz und Pfeffer würzen, zu kleinen Bällchen formen, im Bratfett kurz anbraten, herausnehmen.

2

Das gewaschene und auseinandergezupfte Sauerkraut fein schneiden und in dem Fett kurz andünsten. Die Mettbällchen zugeben und mit Fleischbrühe auffüllen. Ca. 20 Minuten schwach kochen lassen.

3

Mit Tomatenmark, süßer Sahne, Salz und Pfeffer abschmecken.

Taubensuppe

2 junge Tauben
2 l Wasser
1 Zwiebel
1 Stange Porree
1 Möhre
1 Teel. Salz
Petersilie

1
Die küchenfertigen Tauben in Wasser mit Salz etwa 1 Stunde kochen.

2
Die Brühe etwas durchsieben, Zwiebel, Porree und Möhre hinzugeben und noch 30 Minuten kochen.

3
Mit Salz abschmecken, mit Petersilie garnieren.

Deftiger Erbseneintopf

300 gr grüne Erbsen (getrocknet)
500 gr Eisbein
3 Wurzeln
500 gr Kartoffeln
1/2 Sellerieknolle
1 Stange Porree
100 gr Speck
1 Zwiebel
Salz
Pfeffer

1
Die Erbsen über Nacht in Wasser einweichen.

2
Die Erbsen mit dem grob zerkleinerten Eisbein zum Kochen bringen, Schaum abnehmen und mit etwas Salz etwa 1 1/2 Stunden kochen.

3
Wurzeln, Kartoffeln, Sellerie und Porree in Stücke schneiden und zur Suppe geben. Nochmals 30 Minuten kochen lassen.

4
Den fetten Speck in einen Topf geben, auslassen und die gewürfelte Zwiebel darin bräunen. Zur Suppe geben.

5
Das Eisbein herausnehmen und das kleingeschnittene Fleisch zur Suppe geben.

6
Mit Salz und Pfeffer abschmecken und servieren.

Himmel und Erde

8 Kartoffeln
6 Äpfel
Zucker
Salz
Pfeffer
1 Scheibe Räucherspeck (durchwachsen)
Schmalz
1 Zwiebel

1
Die Kartoffeln in Würfel schneiden und mit etwas Salz etwa 20 Minuten kochen.

2
Die geschälten und entkernten Äpfel vierteln und in einem Topf mit etwas Wasser unter Hinzugabe des Zuckers kurz aufkochen.

3
In die weichgekochten Kartoffeln die Äpfelmasse geben und vorsichtig verrühren. Mit Salz und Pfeffer abschmecken.

4
In einem Topf etwas Schmalz auslassen und den in Würfel geschnittenen Räucherspeck und die in Scheiben geschnittene Zwiebel kurz andünsten. Über das Gemüse geben.

Dazu schmeckt ausgezeichnet in der Pfanne gebratenes dunkles Wurstebrot in Scheiben.

WESTFÄLISCHER ROSENKRANZ

1 kg Bratwurst am Stück
etwas Bratfett

1
Die Bratwurst waschen, abtupfen, zu einer Spirale zusammenlegen (= Rosenkranz) und mit Schaschlikspießchen durchstechen.

2
In einer Pfanne Bratfett auslassen, mit einer Gabel die Bratwurst mehrfach einstechen und von beiden Seiten schön braun braten.

Als Beilage eignen sich Bratkartoffeln oder Salzkartoffeln und gelber Böhnchensalat.

Frikadellen

400 gr Hackfleisch (halb und halb)
2 getrocknete Brötchen
1 Zwiebel
Salz
Pfeffer
1 Ei
3 Eßl Mehl
50 gr Bratfett

1
Die Brötchen in Wasser einweichen, bis sie stark gequollen sind. Ausdrücken und das Hackfleisch darunter mengen.

2
Die Zwiebel fein schneiden und zu der Fleischmasse geben. Salz, Pfeffer und das Ei zugeben und alles gut durchmengen.

3
Aus der Masse Bällchen formen, in dem Mehl wälzen und in das erhitzte Bratfett geben.

4
Frikadellen von allen Seiten kräftig anbraten und je nach Größe bis zu einer halben Stunde garen.

Frikadellen schmecken auch kalt gut. Dazu gehört im Ruhrgebiet natürlich Senf; mit Kartoffelsalat bilden Frikadellen fast eine Hauptmahlzeit.

POTTHAST

- Dortmunder Spezialgericht nach Henriette Davidis -

1 kg Rippchen
Bratfett
4 Zwiebeln
Pfeffer
Salz
Nelkenpfeffer
Lorbeerblätter
Zitronenscheiben
$1^1/_2$ l Brühe

1
Das vom Knochen gelöste Rippchenfleisch in kleine Stücke zerteilen, im Bratfett rundherum gut anbraten.

2
Die Zwiebeln zugeben, bräunen und alles mit Salz, Pfeffer, Nelkenpfeffer und Lorbeerblättern würzen. Die Zitronenscheiben hinzufügen.

3
Mit Brühe auffüllen und eine knappe Stunde köcheln lassen. Andicken und abschmecken.

Dazu werden Salzkartoffeln gegessen.

Gebratene Taube

3 Tauben
100 gr durchwachsenen Speck in Streifen
Salz
Bratfett

1
Die küchenfertigen Tauben waschen, von innen und außen kräftig salzen.

2
Den in Streifen geschnittenen durchwachsenen Speck in die Tauben füllen. Die Beine in die Bauchhöhle drücken.

3
Fett in einem Topf auslassen und die Tauben darin kräftig anbraten. Insgesamt etwa eine Stunde schmoren lassen.

Soleier

10 Eier
1/2 l Wasser
1/2 l Weinessig
1 Zwiebel
1 Teel Thymian
2 Lorbeerblätter
40 gr Salz

1
Die Eier in kochendes Wasser geben und in ca 12 Minuten hart kochen.

2
Die Eier aus dem Wasser nehmen, unter kaltem Wasser abschrecken und die Schale rundherum leicht anschlagen.

3
Wasser, Essig, geschälte und geviertelte Zwiebel, Lorbeerblätter, Thymian und Salz aufkochen und abkühlen lassen.

4
Die Eier in ein Glas legen, die Marinade darüber geben, das Glas verschließen und etwa 3 Tage ziehen lassen.

Gebratenes Stallkaninchen

1 Stallkaninchen (gut 1 kg)
Schmalz zum Anbraten
3 Zwiebeln
Lorbeerblätter
Wacholderblätter
$^1/_2$ l Rotwein
Salz
Pfeffer
1 Becher Sahne

1

Das küchenfertige Stallkaninchen zerteilen, in einem Bräter Schmalz auslassen und das Fleisch von allen Seiten gut anbraten.

2

Zwiebelringe, Lorbeerblätter und Wacholderbeeren zugeben, dünsten und mit Rotwein und Wasser auffüllen. Mit Salz und Pfeffer würzen.

3

Im Backofen das Fleisch unter gelegentlichem Begießen im geschlossenen Topf etwa $1^1/_2$ Stunden garen.

4

Das Fleisch herausnehmen, mit Sahne die Sauce herstellen.

Sauerland
Siegerland
Wittgensteiner Land

Das Sauerland im südlichen Westfalen wird auch als das Land der tausend Berge bezeichnet. Mittelpunkt ist das Rothaargebirge mit dem Kahlen Asten (841 m), der die höchste Erhebung Westfalens bildet.

Einerseits dominiert in diesem westfälischen Raum der Fremdenverkehr und die Naherholung mit Wintersportarten (Winterberg) und Sommerfrischen, daneben ist der Raum aufgrund des hohen Waldbestandes forstwirtschaftlich interessant, aber auch als grüne Lunge und Wasserreservoir für das Ruhrgebiet ist das Sauerland bedeutsam.

Auch die gute Bierqualität (Veltins, Warsteiner) hat sich mittlerweile herumgesprochen. Der Kreis Siegen-Wittgenstein ist der südlichste Teil Westfalens und bereits ein Übergangsraum zu Hessen und Rheinland-Pfalz. Für das Siegerland ist die traditionelle Eisen- und Stahlindustrie bedeutsam. Dieser Raum ist um das Zentrum Siegen dicht besiedelt. Wirtschaftlich interessant ist die sogenannte Haubergswirtschaft, die zur Holzkohlengewinnung diente. Diese genossenschaftlich orientierte Bewirtschaftung des Niederwaldes hängt mit dem Erzbergbau zusammen, der bis in die 60er Jahre betrieben wurde.

Das Wittgensteiner Land ist der hochgelegene Teil der östlichen Rothaarabdachung; ursprünglich vor allem land- und forstwirtschaftlich orientiert, wird gegenwärtig der Fremdenverkehr und der Kurbetrieb (Bad Laasphe, Bad Berleburg) zunehmend bedeutsam. Charakteristisch für diesen Raum sind z.B. die in den Dörfern befindlichen Backhäuser, in denen gemeinsam noch heute für das ganze Dorf Brote gebacken werden. Hervorzuheben ist zudem, daß das Bier aus Krombach weit über Westfalen hinaus seine Freunde findet.

Siegerländer Biersuppe
„Biersobbe"

1 l Milch
50 gr Butter
1 Zimtstange
Mehl
$^{1}/_{2}$ l helles Bier
Salz
Zucker
1 Ei

1
Die Milch aufkochen, Butter und die Zimtstange zugeben.

2
Das Mehl mit etwas Wasser anrühren, zugeben und alles kurz aufkochen. Dann das helle Bier zu geben, aufkochen.

3
Mit Salz und Zucker abschmecken. Ein Eigelb unterrühren.

4
Das Eiweiß zu Eischnee schlagen und in die warme Suppe rühren.

Bredoffeln

100 gr Speck
1 Eßl Mehl
1/2 l Gemüsebrühe
1 kg Kartoffeln
1 Stange Porree
2 Möhren
1/2 Sellerieknolle
4 Mettendchen
Pfeffer
Salz

1
Den Speck würfeln, in einen Topf geben und auslassen. Etwas Mehl hineinstreuen und mit Gemüsebrühe auffüllen.

2
Die Kartoffeln schälen und würfeln, den Porree kleinschneiden und Möhren und Sellerie würfeln. Alles in die Brühe geben.

3
Die westfälischen Mettendchen zugeben und etwa 30 Minuten kochen lassen.

4
Mit Pfeffer und Salz abschmecken.

Sauerländer Schlackwurst

„Schlackerwuorst met Sültemaus un Tiufeln"

500 gr Schlackwurst
1 Zwiebel
etwas Schmalz zum Braten

1

Von der Schlackwurst die Wurstpelle entfernen. Die Fleischmasse zerkleinern.

2

In einer Pfanne oder einem Bratentopf das Schmalz auslassen und die Schlackwurst von allen Seiten gut durchbraten.

3

Eine Zwiebel in Scheiben schneiden, in einer Pfanne mit Schmalz bräunen und über die Schlackwurst geben.

Als Beilage empfehlen sich Salzkartoffeln und Sauerkraut

Süss gefüllte Schweinerippe

1 kg Schweinerippe
1 kg Äpfel
200 gr Backpflaumen
2 Eßl Zucker
Salz
Pfeffer
50 gr Bratfett

1

Die Schweinerippe für die Füllung beim Metzger einschneiden lassen.

2

Aus eingeweichten entsteinten Backpflaumen, geschälten Apfelstückchen und etwas Zucker eine Masse rühren, die in die Schweinerippe gefüllt wird. Tasche zustecken.

3

Das Fleisch mit Salz und Pfeffer kräftig einreiben.

4

Die Rippe in einem Topf mit Bratfett rundum kräftig anbraten. Mit etwas Wasser und Bier ablöschen und etwa 2 Stunden schmoren lassen.

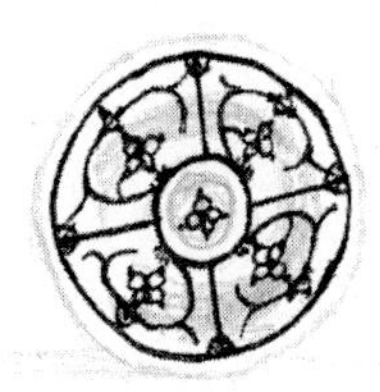

Sauerländer Bachforelle (blau)

4 mittelgroße Forellen (küchenfertig)
1 Teel. Salz
125 gr Butter
1/4 l Weißweinessig

1
In einem Topf Wasser zum Kochen bringen, den Essig und das Salz hinzugeben.

2
Die gewaschenen Forellen mit etwas kochendem Weißweinessig übergießen.

3
Die Forellen ins kochende Essigwasser geben und bei schwacher Hitze etwa 15 Minuten ziehen lassen.

4
Die Butter erhitzen und als Sauce verwenden.

*

Dazu serviert man Salzkartoffeln, mit Petersilie bestreut.

SAUERLÄNDER BACHFORELLE „MÜLLERIN"

4 Forellen (küchenfertig)
125 gr Butter
8 Zitronenscheiben
Petersilie

1

Die Forellen vorsichtig abwaschen, in Mehl wenden und in der Pfanne in heißer Butter je 5-10 Minuten von beiden Seiten braten.

2

Mit Zitronenscheiben, Butter und Petersilie servieren.

Siegerländer Reibekuchen
„Sijerlänner Räiwekoche"

1 kg Mehl
1 kg Kartoffeln
2 Eier
1 Päckchen Hefe
2 Teel Salz
$^{1}/_{4}$ l Milch

1
Das Mehl in eine Schüssel geben, die Hefe in eine Vertiefung bröckeln, mit lauwarmer Milch verrühren. Den Teig gehen lassen.

2
Eier, Salz und Milch hinzugeben und miteinander vermengen.

3
Die Kartoffeln schälen, reiben und zu der Masse geben. Alles in eine gefettete Kastenform geben und nochmals gehen lassen.

4
Die Kastenform in den Backofen schieben und bei 200 Grad ca. $1^{1}/_{2}$ Stunden backen.

Siegerländer Schmandschdibb

1 Zwiebel
1 Bund Schnittlauch
1 Bund Dill
2 eingelegte Gurken
1 Becher Sauerrahm
Salz
Pfeffer

1
Die Zwiebel würfeln, Schnittlauch und Dill hobeln, die süßsauren eingelegten Gurken in Stückchen schneiden.

2
Alles mit Sauerrahm vermengen. Mit Salz und Pfeffer abschmecken.

Die ideale Creme zu Pellkartoffeln!

SIEGERLÄNDER APFELKUCHEN

500 gr Mehl
1/4 l Milch
30 gr Hefe
125 gr Zucker
Salz
125 gr Butter
1 kg Äpfel
100 gr Rosinen

1

Das gesiebte Mehl in eine Schüssel geben, in der Mitte eine Mulde schaffen. Die lauwarme Milch und die zerbröckelte Hefe hineingeben, verrühren und 20 Minuten gehen lassen.

2

Mit dem Zucker, dem Salz, der Butter einen Teig erstellen. Diesen auf das Backblech geben und nochmals gehen lassen.

3

Die geschälten und entkernten Äpfel in Scheiben schneiden. Den Teig damit belegen. Die Rosinen über den Teig streuen.

4

Bei 200 Grad den Apfelkuchen ca. 30 Minuten backen. Herausnehmen und mit Zucker bestreuen.

Geriebene Waffeln

1 kg Mehl
30 gr Hefe
4 Eier
200 gr Butter
1 Eßl Salz
1 kg Kartoffeln
etwas Milch

1
Die Kartoffeln schälen und fein reiben.

2
Aus den Zutaten einen Waffelteig herstellen, die geriebenen Kartoffeln hinzugeben.

3
In einem gut gefetteten Waffeleisen die Waffeln backen.

Soester Börde und Paderborner Land

Die Soester Börde erstreckt sich südlich der Lippe zwischen Münsterland und Sauerland. Die lößbedeckte Hellwegbörde gilt als Kornkammer Westfalens. Bedeutsam für diesen Raum ist der Verkehrsweg „Hellweg", der zur Entstehung der Stadt Soest, dem städtischen Zentrum des Raumes, entscheidend beigetragen hat. Die Stadt hat bis heute ihr mittelalterliches Gepräge erhalten können. Die Stadtbefestigung ist in großen Teilen noch erhalten.

Wirtschaftlich dominierend ist in der Soester Börde die Landwirtschaft, vor allem der Ackerbau: besonders Getreide und Zuckerrüben werden angebaut.

Den Übergangsraum zwischen dem Münsterland und dem oberen Weserbergland bildet das Paderborner Land mit der Stadt Paderborn als Mittelpunkt. Bereits 776 soll Karl der Große dort an den Paderquellen eine fränkische Pfalz errichtet haben. Die Stadtbefestigung ist annähernd 1000 Jahre alt.

Graue Weiber mit Speck

500 gr durchwachsener Speck
300 gr graue Erbsen (getrocknet)
1 Stange Porree
4 Möhren
3 Zwiebeln
Salz
Pfeffer
Petersilie

1
In einem Topf mit kochenden Wasser den durchwachsenen Speck geben, salzen und zum Kochen bringen.

2
Die über Nacht eingeweichten grauen Erbsen, den kleingeschnittenen Porree und die Möhren, die gewürfelten Zwiebeln hinzugeben und insgesamt 2 Stunden kochen.

3
Das Fleisch herausnehmen, würfeln, wieder in die Suppe geben, mit Salz und Pfeffer abschmecken und mit Petersilie garnieren.

Kann entweder als Suppe gegessen werden oder angedickt mit Salzkartoffeln serviert werden.

Sipp-sapp

500 gr durchwachsener Speck
500 gr Kartoffeln
500 gr grüne Böhnchen
5 Möhren
Salz
Pfeffer
Petersilie

1
Den durchwachsenen Speck in einen Topf mit kochendem Wasser geben, leicht salzen und gut eine Stunde kochen lassen.

2
Kartoffeln schälen und würfeln, Böhnchen von den Fäden befreien und in Stückchen schneiden, Möhren würfeln. Das Gemüse zu der Brühe geben, eine halbe Stunde kochen.

3
Den Speck herausnehmen, in kleine Würfel schneiden.

4
Mit Salz und Pfeffer abschmecken. Mit Petersilie garnieren.

Gänsefutter

300 gr weiße Bohnen (getrocknet)
500 gr Rinderbrust
Knochen
3 Möhren
500 gr Äpfel
500 gr Stangenbohnen
2 Zwiebeln
Salz
Pfeffer
Essig

1

Die weißen Bohnen über Nacht einweichen.

2

Die Bohnen mit dem Fleisch und den Knochen in einem Topf mit Wasser zum Kochen bringen, abschäumen und gut $1^1/_2$ Stunden kochen.

3

Das Fleisch herausnehmen. Die gewürfelten Möhren, die geschälten und in Scheiben geschnittenen Äpfel, die in Stückchen geschnittenen Stangenbohnen und die gewürfelten Zwiebeln in die Suppe geben und 30 Minuten lang kochen lassen.

4

Die Suppe mit Salz, Pfeffer und Essig abschmecken.
Das Fleisch kleinschneiden und dazugeben.

Pfefferpotthast

1 kg Hohe Rippe (vom Rind)
6 Zwiebeln
Schmalz
Salz, Pfeffer
1/2 l Fleischbrühe
2 Nelken
2 Lorbeerblätter
2 Zitronenscheiben

1

In einem Topf Schmalz auslassen, die kleingeschnittenen Zwiebeln im Schmalz andünsten und das in Stücke geschnittene Fleisch zugeben und kurz anbräunen.

2

Mit Fleischbrühe auffüllen, mit Salz und Pfeffer würzen, Nelken, Lorbeerblätter und Zitronenscheiben zugeben und etwa 1 1/2 Stunden köcheln lassen.

3

Nelken, Lorbeerblätter und Zitronenscheiben herausnehmen und mit Mehl andicken.

Beilagen: Salzkartoffeln mit Rote Bete / Gewürzgurken

Herzfelder Stippmilch

500 gr Schichtkäse oder Quark
100 gr Pumpernickel
3 Eßl Zucker
1 Eßl Zimt
etwas Milch

1
Den Schichtkäse/Quark mit etwas Milch verrühren.

2
Den Pumpernickel reiben und mit Zucker und Zimt vermischen.

3
Die Pumpernickelmasse unter den Quark ziehen und alles in eine Schüssel füllen.

4
Die Stippmilch kühl stellen. Mit Zimt verzieren.

Festtags-Quarkspeise

500 gr Quark
3 Eigelb
3 Eiweiß
150 gr Zucker
1/2 l Sahne
2 Päckchen Vanillezucker
etwas Milch
Zimt
Zucker

1
Quark, Eigelb, Zucker und Vanillezucker verrühren.

2
Die Sahne schlagen, Eiweiß zu Eischnee schlagen.

3
Den Eischnee, dann die geschlagene Sahne unter die Quarkspeise heben.

4
Mit Zimt und Zucker verzieren.

Hirschböcke

- Weihnachtsgebäck aus der Soester Börde -

200 gr Butter (flüssig)
200 gr Zucker
1 Ei
1 Teel Zimt
1 Msp Kardamon
1 Msp Nelkenpfeffer
1 Prise Salz
200 gr Mehl

1

Aus den Zutaten einen Teig erstellen. Diesen kräftig durchkneten und mit dem Mehl vorsichtig bestreuen, bis der Teig fest wird.

2

Den Teig abdecken und über Nacht stehen lassen.

3

Den Teig in ein gut bemehltes Spekulatiusbrett drücken, die Hirschböcke bei 225 Grad etwa 15 Minuten backen.

Hoppelpoppel

2 Flaschen Bier (1 l)
2 Eigelb
0,1 l Sahne
3 Eßl Zucker
1 Schnapsglas Arrak

1
Eigelb, Sahne und Zucker miteinander verrühren.

2
Das Bier hinzugeben, kräftig schlagen.

3
Den Arrak zugeben.

OSTWESTFALEN-LIPPE

Der Raum Ostwestfalen-Lippe reicht im Norden vom Kreis Minden-Lübbecke westlich der Weser bis hin zum Raum Paderborn-Warburg. Der Kreis Minden-Lübbecke als nordöstlichster Teil des Landes Nordrhein-Westfalen ist der Raum zwischen Wesergebirge, Wiehengebirge, Mittellandkanal und Weser. Der Raum ist auch in der Gegenwart noch dünn besiedelt und vielfach landwirtschaftlich ausgerichtet. Lediglich Minden und Lübbecke ragen als urbane Zentren heraus.

Wirtschaftlich kennzeichnend ist eine zunehmende Bedeutung für den Fremdenverkehr. Kennzeichen sind die zahlreichen Mühlen an der Mühlenstraße.

Wirtschafts- und Kulturzentrum für Ostwestfalen ist die Stadt Bielefeld am Teutoburger Wald. 1380 wurde sie Mitglied der Hanse. Vor allem im späten 19. und frühen 20. Jahrhundert hat sich Bielefeld zu einer wichtigen Industriestadt entwickelt. Neben dem Maschinen- und Werkzeugbau spielt vor allem die Lebensmittelindustrie eine wichtige Rolle (Dr.Oetker: Back- und Puddingpulver, Tiefkühlkost; Ostmann: Gewürze; Granini: Fruchtsäfte).

Wirtschaftlich interessant für das umliegende Ravensberger Land war früher der Flachsanbau und das sich daraus entwickelnde Leinengewerbe. Seit dem 16. Jahrhundert war Bielefeld berühmt für sein Leinen. Hierin liegt auch die Grundlage für die Bielefelder Textilindustrie. Eine Sonderstellung nimmt der ehemalige Freistaat Lippe ein. Zwischen Teutoburger Wald und Weser liegt der heutige Kreis Lippe, dessen Bewohner auf ihre Eigenständigkeit und ihr Eigengepräge viel Wert legen. Die Siedlungslandschaft ist durch eine dörfliche und kleinstädtische Struktur gekennzeichnet, bei der die Landwirtschaft zumindest im Nebenerwerb bis weit ins 20. Jahrhundert hinein eine große Rolle spielte. Kultureller Mittelpunkt von Lippe, dessen Bevölkerung vorwiegend evangelisch ist, ist die ehemalige Residenzstadt Detmold.

Lippische Kartoffelsuppe

1 Stange Porree
50 gr Butter
2 Karotten
1 kleine Sellerieknolle
10 große Kartoffeln
$1^1/_2$ l Fleischbrühe
Majoran, Estragon
4 Mettendchen
Salz
Pfeffer
süße Sahne

1
Die Butter im Topf auslassen. Darin den kleingeschnittenen Porree, die Karottenscheiben und den in Stücke geschnittenen Sellerie geben und andünsten.

2
Die geschälten und gewürfelten Kartoffeln hinzufügen und mit Fleischbrühe auffüllen.

3
Mettendchen hinzugeben, mit Majoran und Estragon würzen und etwa 30 Minuten kochen lassen.

4
Die Mettendchen herausnehmen, die Suppe pürieren. Mit Salz, Pfeffer und süßer Sahne abschmecken und mit den Mettendchen servieren.

LIPPISCHER PICKERT

1 Päckchen Hefe
$1/4$ l Milch
500 gr Mehl
500 gr Kartoffeln
5 Eier
1 Teel Salz
2 Eßl Rosinen
Öl zum Backen

1

Die Hefe mit etwas Milch vermengen und gehen lassen.

2

Die Kartoffeln schälen und reiben. Die beim Reiben entstandene Flüssigkeit abgießen.

3

Aus den Kartoffeln, dem Mehl, den Eiern, dem Salz und der Hefe einen Teig erstellen, nach Bedarf Rosinen zugeben. Den Teig etwa 1 Stunde gehen lassen.

4

Den Teig in heißes Öl in eine Pfanne geben und zu kleinen Küchlein backen, die einen Durchmesser von etwa 10 cm haben.

*

Dazu werden Kaffee und Butter serviert.

Kastenpickert

30 gr Hefe
$^{1}/_{4}$ l Milch
100 gr Zucker
1 kg Mehl
8 Kartoffeln
$^{1}/_{2}$ Teel Zimt
4 Eier
etwas saure Sahne
150 gr Rosinen

1
Die Hefe zerbröckeln und mit etwas lauwarmer Milch, etwas Zucker und Mehl verrühren und gehen lassen.

2
Die Kartoffeln schälen, reiben, Flüssigkeit abgießen.

3
Die Zutaten vermengen und zu einem Teig verarbeiten, der kräftig geschlagen werden muß.

4
Die gewaschenen Rosinen zugeben.

5
Den Teig in eine gefettete Kastenform geben, gehen lassen.

6
Etwa 1 Stunde bei 180 Grad im Backofen backen.

STAMPFKARTOFFELN

1 kg Kartoffeln
1 Teel Salz
1/4 l Milch
40 gr Butter
1 Eigelb
Zucker
Salz
Muskat

1
Die Kartoffeln schälen, in gesalzenem Wasser 25 Minuten gar kochen.

2
Das Kochwasser abschütten, mit einem Stampfer die Kartoffeln zu einem Brei verarbeiten.

3
Die erhitzte Milch, Butter, das Eigelb zugeben und alles gut verrühren.

4
Die Stampfkartoffeln mit Zucker, Salz und Muskat abschmecken.

Kürbispickert

500 gr Kürbis
1 Päckchen Hefe
1 kg Mehl
6 Eier
Salz
Zucker
$^1/_8$ l Milch
100 gr Rosinen
Bratfett oder Öl

1
Die zerbröselte Hefe mit lauwarmer Milch, Salz, Zucker und etwas Mehl verrühren und gehen lassen.

2
Den Kürbis fein reiben.

3
Aus den Zutaten einen Teig machen und wieder gehen lassen.

4
Bratfett oder Öl in einer Pfanne auslassen und darin den Pickert backen.

Bielefelder Leineweber

- Pfannkuchen mit Kartoffelscheiben -

250 gr Mehl
0,4 l Milch
4 Eier
Salz
5 gekochte Pellkartoffeln

1

Einen Pfannkuchenteig aus dem Mehl, den Eiern, der Milch und dem Salz herstellen. Den Teig ruhen lassen.

2

Die gekochten Pellkartoffeln von der Schale befreien und in dünne Scheiben schneiden.

3

In eine Pfanne Öl geben, die Kartoffelscheiben verteilen und mit Pfannkuchenteig bedecken, wenden und fertigbacken.

Rinderpfefferpotthast

1 kg Rindfleisch
50 gr Schweineschmalz
500 gr Zwiebeln
1 l Fleischbrühe

1
Das Rindfleisch in kleine Würfel schneiden; im Topf Schmalz erhitzen, das Fleisch rundum anbraten und die gewürfelten Zwiebeln hinzugeben.

2
Mit Fleischbrühe auffüllen, mit Salz und Pfeffer würzen, zwei Lorbeerblätter und zwei Zitronenscheiben zugeben und etwa 2 Stunden schmoren lassen.

3
Mit Mehl etwas andicken und abschmecken.

Beilage: Salzkartoffeln und Gewürzgurken oder Rote Bete

Münsterländische Bauernhochzeit

Im Mittelpunkt einer münsterländischen Bauernhochzeit stand natürlich das frischvermählte Brautpaar und hierbei besonders die Braut; aber auch dem festlichen Hochzeitsmahl, das früher auf dem Bauernhof eingenommen wurde, wurde die volle Aufmerksamkeit der Hochzeitsgäste gewidmet. Dabei galten die Erwartungen nicht nur der besonderen Qualität, sondern auch der Menge. Vor diesem Hintergrund ist daher auch wohl die mehr scherzhaft gemeinte Frage zu verstehen: „Muß auch jemand mit der Futterlade kommen, um das Suppenkraut zu schneiden?" Die Trauung des Paares fand am Vormittag in der Dorfkirche statt, mit pferdebespannten Kutschen fuhr die gesamte Hochzeitsgesellschaft durch die Bauerschaft zu dem Hof, auf dem die Feier stattfinden sollte. Das Tennentor war geschmückt, die Tenne und die Deele des Hauses für die Gesellschaft und das Essen hergerichtet. Dann wurden die Speisen aufgetragen, bei denen das Fleisch den zentralen Stellenwert einnahm. Man spricht daher auch von Fleischhochzeiten. Rindfleisch mit Zwiebelsoße, Hochzeitssuppe mit Eierstich und Klößen, verschiedene Sorten Braten, Kartoffeln, Gemüseplatten und süße Nachtische waren obligatorisch. Als Getränke gab es vorweg einen Klaren für die Männer, einen selbstgemachten Likör (= Aufgesetzten) für die Damen und während der Gänge Weißwein und Bier. Nach dem Essen wurde der Zigarrenkasten herumgereicht, aus dem sich nur die Männer eine herausnehmen durften. Für die Damen der Festgesellschaft gab es einen weiteren Aufgesetzten.

Rindfleisch mit Zwiebelsosse

- für 6 Personen -

der erste Gang eines Festessens bei einer Hochzeit oder zu Weihnachten

***2,5 kg Rindfleisch, ca. 1 kg Rindsknochen,
200 gr Wurzelwerk (Sellerie, Karotten), 2 mittelgroße Zwiebeln,
1 mittlere Stange Porree, Salz
Für die Zwiebelsoße: 125 gr Butter, 4 Eßl Mehl, 6-8 Zwiebeln, 1 Teel Senf,
2 Eßl Essig, 1-2 Eßl Zucker***

1

Das Rindfleisch und die Knochen warm waschen, in einen großen Topf mit ca. 5 Litern kochendem Wasser geben. 1,5 Teel Salz hinzufügen. Ca. 2 Stunden wallend köcheln lassen. Den Schaum ständig abschöpfen.

2

Gewaschene und geputzte Sellerie und Karotten und die 2 Zwiebeln unzerkleinert in den Topf zum Rindfleisch geben. Suppe wieder gut eine halbe Stunde leicht köcheln lassen. Dann das fertig gegarte Fleisch, Wurzelwerk und die Zwiebeln aus der Suppe heben, die Suppe würzen und durch ein feines Sieb seihen.

3

Für die Zwiebelsoße die Zwiebeln in kleine Würfel schneiden und diese leicht glasig braten. Butter auf dem Herd erwärmen, Mehl hinzufügen und glattrühren. Mit der Suppe nach und nach auffüllen und immer wieder glattrühren, bis die Masse dickflüssig ist.

4

Zuletzt die Zwiebeln hinzufügen und die Soße mit Essig, Senf und Zucker je nach Belieben abschmecken.

5

Das Fleisch gegen den Faserlauf in fingerdicke Scheiben schneiden, mit dem Wurzelgemüse anrichten und mit der Zwiebelsoße servieren.

Sauerbraten

Der Sauerbraten gilt in Westfalen als unverzichtbarer Bestandteil der Küche. Im Gegensatz zum Rheinland werden dabei keine Rosinen verwendet, um den charakteristischen süßsäuerlichen Geschmack zu erzielen, sondern man griff auf den reichlich vorhandenen Pumpernickel zurück, der in Bröseln zu dem Fond gegeben wurde. Der Sauerbraten ist auch heute noch unverzichtbarer Bestandteil einer echten münsterländischen Bauernhochzeit. Das Geheimnis des Sauerbratens liegt dabei in der Beize, die in fast allen Familien unterschiedlich zubereitet wurde, aber auch in der Zeitspanne des Einlegens. Da besonders früher der Rinderbraten als Grundlage des Sauerbratens für viele Familien unerschwinglich war, halfen sich viele Hausfrauen, indem sie einen Schweinenackenbraten in die Beize einlegten. Als es im Münsterland noch zahlreiche Pferdemetzgereien gab, wurde vielfach der Sauerbraten auch aus Pferdefleisch gemacht.

Der Sauerbraten ist jedenfalls das typische Fleischgericht der großen Feiertage: Weihnachten, Ostern und Pfingsten kam er im vor allem bäuerlichen Münsterland auf den Tisch, aber auch die Hochzeitsfeier war ohne den Sauerbraten kaum vorstellbar.

Münsterländischer Sauerbraten

Rezept aus einer Bauerschaft von Telgte

1 kg Rinderbraten
1 l Weinessig
2 Lorbeerblätter
2 Nelken
2 Zwiebeln
50 gr Bratfett
1 Scheibe Pumpernickel
Salz
Pfeffer

1

Den Rinderbraten ca. 1 Woche in eine Beize einlegen, die aus 1 l Weinessig, 1 l Wasser, 2 Lorbeerblättern, 4 Wachholderbeeren, 2 Nelken und 2 in Scheiben geschnittenen Zwiebeln besteht. In einem Topf mit Deckel kühl stellen, gelegentlich das Fleisch wenden.

2

Den Rinderbraten gut trocken tupfen, von allen Seiten im Bratfett anbraten, die Zwiebeln hinzugeben, anbräunen, würzen, mit etwas Wasser auffüllen und gut 2 Stunden bei mittlerer Hitze im Backofen braten lassen, 30 Minuten vor Bratende den zerbröselten Pumpernickel hinzugeben.

3

Den Braten und die Zwiebeln aus dem Sud nehmen und warm stellen.

4

In der Zwischenzeit aus dem Fond die Sauce zubereiten; Fond durchsieben und gegebenenfalls mit Speisestärke leicht andicken.

Feine Zitronencreme

- Die Hochzeitscreme -

4 Blatt Gelatine
4 Eier
100 gr Puderzucker
3 Zitronen
1 Becher Sahne

1
Die Gelatineblätter in einen Topf mit etwas kaltem Wasser geben und einweichen lassen.

2
Das Eigelb in eine Rührschüssel geben, den Puderzucker hinzufügen, schaumig rühren.

3
Den Saft von den Zitronen und die geriebene Schale einer Zitrone dazugeben und unterrühren.

4
Die aufgelöste Gelatine erwärmen und zu der Creme geben.

5
Die Sahne schlagen. Das Eiweiß schlagen. Beides vorsichtig unterheben, wenn die Creme dicklich wird.

6
In eine Glasschüssel füllen und kalt stellen.

Rezept-Register

Vorspeisen / Suppen

Eintöpfe / Durchgemüse

Fleischgerichte

Fisch / Wild / Geflügel

Eier- / Mehlspeisen

Kartoffelgerichte

Salate

Gemüse

Soßen

Nachtische

Brot / Kuchen / Gebäck

Pumpernickel

Einkochen / Einmachen / Einlegen / Schlachten

Getränke

Januar

Februar

März

April

Mai

Juni

Juli

August

September

Oktober

November

Dezember

Münsterland

Östliches Ruhrgebiet

Sauerland, Siegerland, Wittgensteiner Land

Ostwestfalen-Lippe

Soester Börde und Paderborner Land

Münsterländische Bauernhochzeit

Weitere Kochbücher aus dem Verlag Schnell

Das Goethe-Kochbuch

Ein Kochbuch, das nicht nur verrät, welch hohen Stellenwert das Essen und Trinken in Goethes Leben einnahm, sondern auch Speisen und Getränke in den biographischen und literarischen Kontext des größten deutschen Dichters einordnet.

Frauenberger / Bockholt. 13,5 x 21 cm, 160 Seiten, gebunden, farbiger Umschlag, zahlreiche Abbildungen, Zitate, Kochrezepte. 24,80 DM.
ISBN 3-87716-866-3.

Münsterländisches Kochbuch
15x21 cm, 306 S., gb., Lesezeichen. 19,80 DM
ISBN 3-87716-906-6.

Westfälisches Pumpernickel-Buch
Pumpernickel ist nicht gleich Pumpernickel. Das Brot hat Tradition und verleitet zu einer Vielfalt köstlicher Rezepte - als Suppe, Vorspeise, Hauptspeise, Nachtisch.
15 x 13 cm, 96 S., gb., 19,80 DM. ISBN 3-87716-894-9.

Westfälisches Plätzchen-Buch
15x21 cm, 272 S., gb., Lesezeichen. 19,80 DM
ISBN 3-87716-885-x